굴레여 이젠 안녕!

굴레여 이젠 안녕!

이기수 지음

한솜미디어

글을 열면서

이제는 남과 비교하며 우위를 따지고 싶지 않다.

이제는 나를 발견하는 것에 방점을 찍고 싶다.

나다움을 찾는 데 끝없는 변신을 추구하고 싶다.

그간의 굴레에서 벗어나 내가 원하는 것이 무엇인지 찾으면서 어제와 다른 재미나고 신 나게 즐기는 오늘을 만들고 싶다.

어찌 보면 인생은 바람 앞의 촛불처럼 짧은 것인지도 모르지만 그래도 활활 타오르고 싶다.

행복은 결과의 끝에서가 아니라 진행하는 과정에서 느끼고 얻을 수 있다.

이번에 『굴레여 이젠 안녕!』이라는 네 번째 작품을 통해서 수필과 시라는 문학 장르에서 과감하게 탈출을 시도했다. 깊은 뜻이 있어서가 아니라 그냥 자유스러움과 자연스러움을 만끽하고 싶었을 뿐이다.

팍팍하고 고단한 일상 속에서 잠시 눈을 돌려 마음의 양식을 찾을 수 있는 샘물로 받아주시길 바랄 뿐이다.

이기수

목차

2부

1부

외로움도 무섭고
기다림도 힘겹고
방황도 고통스럽지만
내 곁에 누군가가 함께할 수 있다면
그래도 세상은 살 만한 거죠

12월의 인심

햇빛이 서재에 드리워진다
벽에는 그림자가 진다
시시각각으로 그 모습이 변한다
점심 후에는 그림자도 안 보인다

매일마다 찾아와서
한참 동안 얼굴을 들이밀다가
조금씩 달라지더니
세월이 가니 아예 보이질 않네

정승의 개가 죽은 데는 가도
정승이 죽은 데는 안 간다더니
세상인심이란
서재에 드리워진 12월의 햇빛과 그림자?

토사구팽

우산은 비가 올 때만
사람들이 찾는다
그리고 비가 오지 않을 땐
거들떠보지도 않는다

친구 녀석은 지가 필요할 때만
나를 찾는다
그리고 필요하지 않을 땐
전화 한 통 없다

자식 놈들은 지가 아쉬울 때만
부모님을 찾는다
그리고 아쉬운 일이 없을 땐
지네 자식만 챙긴다

치과는 이가 아플 때만
사람들이 찾는다
그리고 아프지 않을 땐

전혀 관심이 없다

산다는 건 우산 같은 거?
너는 나를 사랑하는 거냐?
토사구팽(兎死狗烹)?

벗님들이여!

밤새 빗소리
새벽엔 매미 소리

잠 못 이룬 아침에
벗님들 생각나네

이왕 내친김에
얼굴 한 번 볼까요?

이번 주 일요일
청계산 오르세

막걸리 한 통 매고
산세 좋은 곳에서

이런 얘기 저런 얘기
보따리 풀어보세

청계산에 오르면
풋고추가 된다네

인생은 나그네
꽃이라도 피워보세

가는 세월 붙들어
많은 추억 만드세

갈무리

하노이에서 보았던 그 모습과는 다르네
머리 위로는 바람이 통하도록 몇 센티 띄우고
턱밑 끈 대신 머리띠처럼 만들어진 삿갓

손님들로 북적이는 옆집을 바라보며
속은 시꺼멓게 타고
하염없이 담배만 태우던 보리밥 집 사장님

집 앞으로 터널이 생기면서
사장님 얼굴은 음이 양되었네
운명의 장난인가?

90도 각도로 인사해도 벗겨지지 않는 모락산 삿갓을 쓴
사장님의 형님까지 등장해서
본격적인 주차 서비스 경쟁이 시작되었다네

돌아가신 아버님 말씀이 생각나네
'음이 양되고 양이 음된다'고

올챙이 개구리 된 지 몇 해나 되나
있을 때 잘 갈무리해! 후회하지 말고

걸림돌

사랑만 하다 세월 다 가도 짧은 인생
한 번 맺은 인연 미워하지 말고
한 번 맺은 인연 원망하지 마라

분명 그것이 나를 기쁘게 하고
분명 그것이 나를 미소 짓게 하며
그것이 행복 듬뿍 안기어 주리라

긍정적 사고는 햇살처럼 밝은 삶
부정적 태도는 잔뜩 낀 먹구름
선한 결과는 선순환되고
악한 결과는 악순환되는 법

누군가를 사랑한다는 건
나 자신을 사랑하는 마음이고
뭔가를 좋아한다는 건
결국 나 자신을 좋아하는 마음

온 세상을 사랑한다는 건
나의 모든 걸 사랑하고 싶다는 말
갈등과 반목은 삶의 걸림돌

그대와 함께라면

외로움이 앞을 가려 길을 잃을 땐
망설이지 말고 찾으세요
언제고 언제라도 함께 갈게요

풋고추가 익을 때까지 기다려야 할 땐
고민하지 말고 부르세요
아무리 지루해도 함께할게요

하산길 헤매다 어둠이 짙게 깔리면
가던 길 잠시 멈추고 바라보세요
계곡 한편 외딴집 호롱불이 될게요

외로움도 무섭고
기다림도 힘겹고
방황도 고통스럽지만
내 곁에 누군가가 함께할 수 있다면
그래도 세상은 살 만한 거죠

고추잠자리

무슨 좋은 일이 생기려나?
잠자리가 자동차에 앉아 있다
한 마리도 아닌 두 마리가
그것도 사랑하는 모습으로
운전석 유리창에 다정하게 붙어 있네

국민학교 시절이 생각난다
삼각지에서 남산까지
태양이 가득 찬 행길을 따라
잠자리 채 어깨에 메고 가서
친구 녀석들과 고추잠자리, 호랑나비, 왕잠자리 잡던 추억

지금은 어디에서 무엇을 하고 있니?
추억만 남겨놓고 가버린 친구들아!
니들도 기억하고 있니?

내 삶의 고속도로

산에 오르면서
건강과 미래 그리고 현재에 대한
많은 생각을 갖게 되고

자전거를 타면서
늘 다니던 길도
새롭게 느껴지고

마라톤을 하면서
나의 끝이 어딘가
도전하게 되고

한판의 바둑에서
빼앗을 것인가 지킬 것인가
고민하게 되고

골프를 치면서
스코어에 끌려갈 것인가 스코어를 초월해서 즐길 것인가

훈련하게 되고

여행을 하면서
낯섦에서 오는 불편을 극복하며
새로운 깨달음의 기쁨을 만끽하고

한 조각의 글을 쓰면서
일상을 메모하며
마음을 다스리게 되고

이 모든 것이 자신과의 싸움을 통해서
내 삶의 폭을 넓혀주는
또 다른 고속도로가 된다네

내 탓이로다!

내가 어렸을 땐
장애인을 보면
왜 저렇게 생겼을까 하며
이해하지 못했다

두 사람이 택시를 타는데
하마터면 큰일 날 뻔했다
'개문발차(開門發車)' 사고!

보호자의 잘못은
장애인을 먼저 태우고 나서
본인이 탑승했어야…

택시기사의 잘못은
마지막 승객이 승차한 후
문이 다 닫힌 걸 확인했어야…

장애인의 잘못은

"죄송합니다. 몸이 좀 불편해서"라고
먼저 밝혔어야…

사고가 난 뒤에
"내 탓이로다!"를 외쳐봤자
소 잃고 외양간 고치기
자식 둘이나 키우면서
신체 건강하게 태어난 것에 감사했고
아무 사고 없이 성장한 것에 감사했다

누구나 장애인이 될 수 있다는 걸
나이가 들면서 알았다
그래서 세월은 선생님!

배낭을 풀고

오늘의 정점에 도달해서
배낭을 푼다

그리고 칼집 난 사과 두 개를 꺼낸다
산에서 나누어 먹기 좋으라고
집사람은 늘 그렇게 해서 넣어준다

등짝이 흠뻑 젖은
옆 사람에게 사과를 건넨다
꿀보다도 더 맛있다고 하며
정신없이 먹는 모습에
내 마음도 흐뭇하다

한편으론 배낭이 가벼워진다는 생각에
하산길이 날아갈 듯한 기분이다

인생의 배낭을 풀어헤치면
몸과 마음이 가벼워지고 행복은 배가 된다

암적인 존재들

몸속 깊은 곳(疒)에 숨어
입이 셋(品)이나 달린 놈이
산(山)더미처럼 먹어 치우니
입이 하나(口)뿐인 정상 세포는
먹을 게 없어 굶다가
몸뚱어리는 쇠약해지고
갈 날만 기다린다

암(癌) 투병 끝에
명을 다하지 못하고
암적인 존재 때문에 너무 괴로워하며
암적인 사회 시스템이 남아 있어
망가지고 신세를 한탄하네

몸 안의 암 조직만 챙기지 말고
마음속 암적 존재도 제거하고
사회 속 병든 관행도 수술해야
우리네 삶이 정말로 건강해지지 않을까?

인생의 반려자에게

바깥양반이라고
가정에는 소홀했던 삼십 년의 세월 동안
당신은 늘 섭섭했었다는 사실을 잘 알고 있답니다

큰 애가 벌써 서른 직전에 다다라서
결혼을 한다니까
많은 생각이 교차합니다

자식 둘 모두를
피와 땀으로 정성스레 키운 당신에게
고마울 뿐입니다

요즘 걱정이 하나 생겼습니다
딸 아이 시집간 후에
당신의 텅 빈 가슴을
무엇으로 채워야 할지 말입니다

아침마다 쏟아붓던 당신의 그 정성을
이젠 어디다 쓸 겁니까?

종을 쳐주세요!
총알처럼 달려갈게요
당신 곁으로

이제부턴 내가 당신에게 맞출게요
더 이상 당신이 나에게 맞추려고 애쓰지 말아요

평생의 선물

벌써 이십 년 가까이 되었나?
전화를 받을 때마다 소프라노 톤으로
웃음과 함께 늘 밝은 목소리로 맞아주던 분

그 당시엔 그저 기분 좋게만 생각했었는데
언제부턴가 나도 모르게 닮아버렸네

말 한마디에 천 냥 빚도 갚는다는데
얼굴도 안 보고 통화하면서 천 냥을 얻는 지혜!

학습의 효과인가 인덕이 많아서 그런 건가
그분은 나에게 웃음을 살포했고
나는 그 웃음을 내려받아
거둔 만큼 다시 뿌리고 있네

눈먼 사람이
눈먼 사람을
인도할 수야 없지 않은가

총성 없는 전장의 일터에서도
웃음은 하나의 횃불이요
청량제라네

평생의 선물 나눠주고 싶네
자식들에게도 지인들에게도
부자가 되는 길이니까

하얀 장갑

학창시절엔 밀린 숙제만 끝나면
마음이 날아갈 듯 시원했었는데
딸을 시집보내는 큰 숙제를 했어도
왠지 내 가슴 한구석엔 섭섭함이 남아 있네

여태까진 행사용 겉치레인 줄만 알았던 하얀 장갑이
혼주석에 앉은 아빠에겐 눈물을 훔치는데
꼭 필요하다는 걸 알게 되었다네

학창시절 학급 전체가 매를 맞을 땐
자꾸만 뒤로 뒤로 숨으려고만 했었는데
딸아이 결혼식 전날 밤은 왜 그렇게도
시간은 안 가고 뒤숭숭하기만 한지
빨리 매를 맞고만 싶은 심정뿐이었다네

다음 날 아침 딸아이는
"아빠 집에 전화했더니 아무도 안 계시네
공항 잘 도착했고 11시 뱅기 타요 잘 갔다 올게요

엄마도 잘 쉬고 계시라고 하고
몰디브 가서 전화드릴게"라는
문자 메시지를 보내왔다

주례를 맡아주셨던 소설가 김홍신 선생님의 말씀이 생각난다
"사랑과 결혼은 주기 위해 하는 것입니다.
받기 위해 하는 것이 아닙니다"

편견

간단한 산행 후
막걸리 한잔에 보리밥 먹기에 편리해서
등산에 익숙지 않은 지인들과 즐겨 찾는
385미터 높이의 모락산

늘 북쪽에서만 바라보았던 그 산을
우연히 먼발치 남쪽에서 쳐다보게 되었는데
완연히 새로운 느낌으로 내게 다가온다

그 산의 모습은 하나도 변한 게 없는데
그동안 한쪽에서만 보았던 이미지가
내 머릿속에 강하게 남아 있어 그랬나 보다

모락산이 변한 게 아니라
친구의 마음이 바뀐 게 아니라
나의 시각이 부족했던 거다
이제부턴 사방팔방으로 봐야지

한가위 사랑

세상이 나에게 무엇을 줄 수 있는가를 바라지 말고
내가 세상에 무엇을 줄 수 있을까를 고민해 봐요

더도 말고 덜도 말고
청계매봉 한가운데서 잃어버렸던
동전 한 닢 다시 찾을 때까지
반가운 마음으로 사랑하며 살아요

사랑만 하다 세월 다 가도 짧은 인생
누구도 원망 말고 과거도 탓하지 말고
한번 맺은 인연의 남은 여생을
순풍에 돛을 달고 마중 나가세

한가위 보름달도
시간이 흐르면 작아지고
시간이 흐르면서 다시 채워지는 법
우리네 삶 속에는
오르막길도 있고 내리막길도 있다네

담금질

제주 바위를 날린 태풍이
대전역 광장을 지나가고 있다

일그러진 얼굴로 기다리고 있는 청년 앞에
급히 뛰어온 여자친구가 나타난다

청년의 두 손을 꼭 잡고 두 눈을 주시하며
쉴 사이 없이 뭔가를 해명하고 있는 그녀

태풍이 다 지나갔는지 잦아지는 바람처럼
화가 좀 풀렸는지 여자친구에게 이끌려가는 청년

인생은 기다림의 연속
태풍이 지나가면 고요함이 찾아든다

비 온 뒤에는 땅이 굳어지고
우리들의 사랑은 끊임없이 담금질하네

태풍이 몰려오면 그 자리를 피하고
화가 치밀어오르면
하나아~ 두우울♪ 하며 열까지 세어라

돌아가는 삼각지

간다 간다 시집간다
우리 딸이 드디어

사반세기 넘도록
엄마의 잔소리는 살이 되고
아빠의 큰소리는 뼈가 되어

교양과목 이수한 후
교양과목 가르치러
멀고도 가까운 곳으로

귀 따갑도록 듣던 잔소리
이젠 네가 할 차례

자식이 부모 되면
부모 심정 이해하리

재미나게 살아라
재미있게 키워라

내리사랑은 있어도
치사랑은 없다더라

살아보니 그렇더라
미안하게 생각 마라

부모한테 미안하고
자식한텐 속상하다

사는 게 그렇단다
살아보면 알 거다

자식들은 희로애락
끊을 수 없는 인연

방파제

새벽녘부터 무엇이 그리 절절(切切)한가
묵주를 손에 쥐고 방파제에 눌러앉아
먼 바다 바라보며 기도하는 아낙네

육십 중반 바깥양반 몸져누워 있는가
삼십 넘은 딸년 아직도 짝이 없는가
대학 졸업한 아들 녀석 몇 년째 백수인가

가까이 있으면 보이질 않아
먼발치에서 보려고 방파제 찾았다네

바다 쪽으로 드리워진 방파제로 나가서
답답한 마음으로 뒤를 돌아보니
세속이 보이네 정말 보일 듯하네

세상에 머물러 진주를 찾아봤자
세월은 흘러도 지혜는 찾을 수 없네

밤새 고기잡이 나갔던 어부도
어머니의 편안한 가슴 같은 방파제에 배를 대고
그제서야 안도하며 캔맥주 한 잔 마시네

방파제엔 어머니가 계셨다네
그 자리엔 지혜가 있었다네
어머니의 사랑도 기다렸다네

거센 파도 막아주는 방파제처럼
들어주소서! 아낙네의 애절한 기도
고민거린 가져가고 기쁜 일만 돌려주오

사랑하는 사람들

사랑할 수밖에 없는 아들아!
너의 실수를 볼 때마다 지적할 수 있어
아빠는 부자란다
사랑할 수밖에 없는 아들아!
아침마다 소리치며 너를 깨워줄 수 있어
엄마는 부자란다

사랑할 수밖에 없는 아들아!
너의 모자람이 하나하나 채워짐을 느낄 수 있어
엄마 아빠는 행복하단다

사랑할 수밖에 없는 아들아!
너의 부질없는 불만을 들을 수 있어
부모로서 존재의 의미를 느낀단다

사랑할 수밖에 없는 아들아!
인연은 소중한 자산이라고 믿을 수 있어
우리들은 모두를 사랑하는 거란다

어리석은 짓

돌부처 이창호는 말했다
"바둑은 실수를 적게 하는 쪽이 이긴다"고

골프 코치는 늘 강조했다
"힘을 빼고 스윙해야 굿-샷이 나온다"고

남의 것을 잡으려다 바둑에 지고
상대와의 무모한 경쟁에 에너지만 허비하고
스코어에 집착하다 골프를 망치고
부모의 허황된 꿈에 자식은 길을 헤매네

산다는 건 남과의 경쟁이 아니라
자기 내면과의 싸움이라는 걸
진작 알았더라면
고즈넉한 삶이 될 텐데

손자병법에는 이런 말이 있다
'싸우지 않고 적을 굴복시키는 게 최선'이라고

오침

주방 구석에 쪼그려 앉아
벽에 등을 기댄 채로
깊은 잠에 빠져든
감자탕 집 아주머니의 모습을 보면서

군대시절이 생각나네
칠팔월 푹푹 찌는 찜통더위
각개전투 훈련에 팬티까지 다 젖고
짬밥 한 그릇 뒤에
꿀맛 같은 오침(午寢)시간

플라멩코의 스페인 여행 때가 생각나네
사람들은 시에스타(Siesta)를 즐기고
오후의 거리는 한산해진 모습

80년대 근무하던 사무실이 생각나네
오십을 넘나드는 부장님들이
점심 후에 의자를 창 쪽으로 돌리고

잠깐 눈을 감고 쉬던 모습

만유인력의 법칙을 발견한 뉴턴이 그려지네
나무 그늘 아래서 낮잠을 자다가
머리 위로 사과 하나가 떨어지는 걸 목격하는 모습

저마다 낮잠 자는 모습은 다르지만
삶과 일에 지쳤을 때
모두에게 에너지를 보충해 주는 보약!

존재하는 이유

나는 그저 기다리고만 있는 사람
너는 그저 변명만 늘어놓는 사람
그래도 내가 필요하지?

나는 그저 오솔길 따라가는 사람
너는 그저 럭비공처럼 튀는 사람
그래도 내가 필요하지?
나는 그저 웃기만 하는 사람
너는 그저 성만 내는 사람
그래도 내가 필요하지?

나는 가끔 큰소리만 하는 사람
너는 그저 잔소리만 하는 사람
그래도 내가 필요하지?

나는 그저 들어만 주는 사람
너는 그저 수다만 떠는 사람
그래도 내가 필요하지?

나는 그저 바라만 보는 사람
너는 그저 폼만 잡는 사람
그래도 내가 필요하지?

나는 네가 꼭 필요해
너도 내가 꼭 필요해
그것이 존재의 이유

청계산 까마귀

막걸리 먹자고 산행 약속해 놓고
회장님은 까마귀가 되었다네
사기꾼인가? 치매증인가?

껍데기만 상한 줄 알았더니
뇌도 많이 상했나 보네
이젠 하산할 때가 되었나?
모든 공(空)직 내려놔야겠네

마음만 청춘이지 쓸 만한 건 하나 없네
껍데기도 슬픈데 치매가 웬일인가
이렇게 백수(白壽)한들 무슨 소용 있겠는가

뒤늦게 연락받고 거꾸로 올라가니
모두가 반갑다고 방긋방긋 환영하네

남들이 깜박할 땐 핑계라고 생각했네
신뢰를 회복하려 역지사지(易地思之) 하게 되네

막걸리가 기다리네
어서어서 내려가세

벗님들이여!
그대들 사랑 덕에
세상은 살 만하다네

인생 여정의 오아시스

여행을 떠나면서도 흘깃 자신의 일상을 곁눈질하는 게 우리네 삶이라고 했다.

56년간의 짧았던 삶을 뒤로하고 2011년에 세상을 훌쩍 떠나버린 애플의 CEO 스티브 잡스는 6년 전 스탠퍼드 대학 졸업식에서 '우리 모두는 죽습니다. 그것은 진실입니다. … (중략) … 그러므로 다른 사람의 삶을 사느라고 시간을 허비하지 마십시오. 과거의 통념, 즉 다른 사람들이 생각한 결과에 맞춰 사는 함정에 빠지지 마십시오'라고 말했다.

가슴이 원하는 대로 따라가자! 신념을 갖고 행동하면 인생이 바뀐다. 미래는 예측하는 게 아니라 창조하는 것이라는 생각을 하게 된다.

공자는 '지난 일을 오늘로 끌고 오지 마라. 내가 바라지 않는 걸 타인에게 시키지 마라. 본성보다는 습관에서 차이가 생긴다'고 말했다.

후회한다고 잃어버린 순간이 되돌아오진 않는다. 그것은 역사나 한 인간의 삶에서나 마찬가지라고 생각된다. 소홀히 한 1시간은 천 년을 주고도 되살 수 없듯이 우리에게 시간이란 재방송이 없다는 걸 알아야 한다.

독일의 철학자 니체는 '새로운 것 또는 익숙하지 않은 것은 선의를 갖고 대할 때라야 내 것이 된다'고 했다. 물론 내 것이 되려면 수많은 노력과 시행착오가 반복되기 마련이다. 사냥의 고수인 호랑이의 목표물 적중 성공률은 30%이며, 10번 중에 7번의 실패와 3번의 성공으로 프로야구에서는 3할대 타자가 우수 선수로 자리매김한다. 움직이지 않으면 아무것도 이르지 못한다. 일단 도전해야 성공의 열매를 맛볼 수 있는 게 우리네 삶이다.

박사학위를 20개나 받았던 아인슈타인은 시간이 어떻게 가는 줄 모를 만큼 즐겁게 하는 일에서 얻는 게 가장 많다고 했다.

노벨문학상 수상자인 버나드 쇼는 '우물쭈물하다 내 이럴 줄 알았다(I knew if I stayed around long enough, something like this would happen)'고 자작 묘비명에 기록해 놓았다. 누군가는 말했다. '늙었다고 생각하는 것이야말로 우리를 노년이라는 감옥으로 밀어 넣는 가장 큰 적이다'라고.

마릴린 먼로는 더 예뻐지기 위해 매일 대여섯 시간씩 자기 '얼굴을 그리는' 화장을 했다고 한다.

사람들은 살아가면서 많은 그림을 그린다. 그림은 그리움이란 뜻이고 글이라는 말과 어원이 같다. 그래서 사람들은 글을 통해서 그때그때의 생각을 남겨놓는다.

현재는 미래의 과거라고 말한다. 지금 존재하는 아쉬움과 부족함을 정확하게 느끼고 있다면 미래에 대한 시나리오, 즉 앞으로의 삶에 대한 계획도 재미있고 신 나게 수립할 수 있다고 본다. 과거에 대한 집착에서 벗어나지 못하고 현실에 대한 신세만 한탄하는 것보다는 미래지향적인 꿈과 목표, 실천이 더 필요한 이유이기도 하다.

나의 꿈은 사회생활을 가능한 한 길게 이어가면서 노후의 일상을 병행하고 싶은 것이다. 욕심 같아서는 최소한 70세까지 현역으로 활동하면서 나이에 걸맞은 속도와 양으로 흔히들 말하고 있는 노후라는 개념을 최소화하고 싶다는 얘기다.

내 책상 위에는 3천 페이지가 넘는 국어사전이 놓여 있다. 그래서 요즘 부쩍 많이 거론되는 노후(老後)라는 단어에 대해서 그 의미를 알고 싶어 찾아보았다. 그 사전 489쪽에 '늙은 뒤'라고 적혀 있었다. 그러면 '늙다'는 말은 어떤 의미인지 또 찾아보았다. 518쪽에 이렇게 쓰여 있었다. '나이가 한창때를 지나 기력이 차차 약해지다'라고.

그렇다면 나에게 있어 한창때란 언제였을까. 이것이 궁금하다. 과연 나는 한창때를 지난 것일까 아니면 아직 도래하지 않은 것일까 선뜻 스스로에게 답하기가 쉽지 않다. 물론 체력이나 얼굴 외양으로 봐서는 한창때를 지났다고 100% 인정한다. 그러나 정신력이나 사회활동에 참여하고 있는 현실을 보면 지금이 더 왕성하다고 말하고 싶은 심정이다.

신문지상에서는 만 65세를 기준으로 노령화 인구니 뭐니 하면서 통계의 기준으로 잡고 있다. 이 숫자도 머지않아 상향조정될 것이다. 왜냐하면 환갑잔치가 없어진 지 오래고 칠순에도 가족끼리만 모여 식사하거나 여행을 하는 정도의 시대가 되었다.

그러니 우리 부모님 세대의 환갑은 우리 세대의 팔순에 해당되는 나이쯤으로 환산해도 무리는 아닐 것 같다는 생각이 든다. 따라서 노후라는 개념은 옛날과 비교할 때 많은 차이가 생겼다. 나 자신도 내일모레면 육십이건만 늙었다는 생각을 해본 적이 없다.

헬스장에 가도 칠순의 나이에 근력 운동을 하시는 분들을 자주 접하게 된다. 골프장에서도, 등산을 하면서도 칠순쯤으로 보이는 양반들이 정정한 모습으로 횡보하는 걸 많이 목격하곤 한다. 나도 헬스클럽을 나이 오십에 다니기 시작했는데 벌써 9년째 매일 가서 운동을 할 정도다. 신체적 건강관리가 정신적 측면뿐만 아니라 여러 면에 영향을 미친다는 걸 나이가 들수록 점점 더 중요하게 인식하고 있기 때문이리라.

생텍쥐페리는 '사막이 아름다운 것은 어딘가에 물을 숨기고 있기 때문'이라고 말했다. 우리의 삶에도 사막의 오아시스가 있다. 짧다면 짧고 길다면 긴 인생 여정을 가다 보면 저마다의 오아시스를 발견할 수 있다. 마음의 사막화에서 벗어나는 길은 오아시스를 찾아 나서는 것이다. 그런데 이 오아시스는 노력하는 자에게만 보인다.

지나온 길과 걸어갈 길을 생각해 보자. 내가 갖지 못한 것보다 지금 가지고 있는 것에 만족하며 살고, 작은 성취에도 기쁨을 만끽하며 사소한 일상에도 늘 감사하다는 생각을 할 때 또 다른 나를 찾을 수 있다.

언제부턴가 가끔씩 나가는 골프장에서 "하나님 감사합니다!"

라고 소리칠 때가 많다. 어쩌다 잘 맞은 세컨샷이나 롱퍼팅이 들어갔을 때 내가 나에게 하는 소리다. 물론 같이 라운딩하는 동료들은 웃어 죽겠다고 난리다. 나 자신도 모르게 이젠 버릇이 되어버렸다. 나이가 들면서 연습을 아예 하지 않으니 매년 해를 거듭할수록 거리는 점점 짧아졌고 샷의 정확성은 엉망이 되었다. 그러다 보니 약 10년 전부터 골프를 대하는 마인드가 바뀌었고(?) 아니 내가 바꿔버렸다. '그래, 골프에 지배당하지 말고 내가 골프를 지배하자'는 마음이 생긴 거다. 주변에선 이를 보고 '명랑 골프'라고 이름까지 붙여주었지만 나에게는 가끔씩 부정기적으로 치는 골프를 즐길 줄 아는 계기가 되었다.

이러한 변화는 오십 줄에 들어서면서 마음을 비우고 매사에 감사하다는 생각을 하면서 즐거움이 무엇이고 행복이 어떻게 발생하는지 깨닫기(?) 시작하면서 내 가슴속에 자리할 수 있었던 아주 좋은 의식 중 하나이다.

직장생활 2년 차인 둘째 녀석에게도 늘 하는 말이 있다. '시간에 지배를 받지 말고 네가 시간을 지배하며 살아라!' 출근 시간을 역산해서 집에서 출발하는 시간을 맞출 게 아니라 그저 일어나서 세수하고 밥 먹고 나면 집을 나서라는 뜻이다. 그렇게 하다 보면 모든 것에 여유가 생기고 주변 사람들로부터는 성실하다는 평을 받게 되며, 시간에 대한 스트레스로부터도 해방되기 때문이다. 세상만사 모든 것이 내가 하기 나름이다. 어떤 의식을 갖고 행동하느냐에 따라 즐거울 수도 있고 짜증만 가득할 수도 있는 것이다.

바둑을 둘 때도 승패를 떠나서 나와 함께 시간을 즐기는 상대방에게 늘 감사하다는 생각을 먼저 하게 되면 만남 자체가 즐겁다. 그리고 그런 마음으로 바둑을 둬 이기면 기분이 흡족해 밥 한 끼를 선뜻 내면 상대방도 덩달아 기분이 좋아진다. 1천 원짜리 고스톱을 쳐도 오늘 밥 한 끼 산다는 기분으로 임하면 몇 시간 동안 즐거운 게임이 된다.

지금까지 살아오면서 지는 게 이기는 거라는 말을 수없이 들어왔다. 이 말의 뜻을 이해하기 시작한 게 지천명(知天命)의 나이가 되고부터인 것 같다. 남과 어울린다는 건 나의 부드러움이 전제되어야 가능하고 그래야 오래 지속된다. 나의 몫만 챙기려 하고 상대방보다 우위에 서려 하면 친구는 다 도망간다. 늘 먼저 듣고 늘 먼저 풀고 하다 보면 내 주위에는 사람들이 꾀이기 마련이다. 부부싸움에서 마누라에게 이겨본들 무슨 소용이 있겠는가. 저쪽에서 시비를 걸어올 때 말없이 웃는 얼굴로 대응하면 제풀에 떨어져 나간다. 이것이 지는 게 이긴다는 전술일 것이다.

인간은 누군가와 함께하는 사회적 동물이다. 그래서 죄를 지은 사람은 교도소로 보내 사회로부터 고립시켜 고통을 주는 것이다. 그런데 주변 사람들이 다 떨어져 나가게 행동한다면 교도소 생활과 무엇이 다른가. 자살하는 것이 죄라면 나 자신을 외롭게 하는 것도 죄이다. 어쩌다가 이 세상에 태어난 나를 즐겁게 하지는 못할망정 괴롭히는 건 교도소로 보내는 일과 같다. 나 자신을 사랑하라. 그리고 인연을 맺은 모든 사람을 사랑하

라. 대상이 누구든 사랑하다 보면 행복해진다.

6,70년대 활동했던 구봉서 씨와 배삼룡 씨 같은 유명한 코미디언들은 '웃으면 복이 와요'라고 했다. 내가 나를 기쁘게 생각하고 늘 웃다 보면 복은 저절로 굴러들어온다고 나는 믿는다.

웃는 사람에게는 좋은 일만 생긴다. 첫째는 주변의 많은 사람들이 좋아하고, 둘째는 그러다 보면 정신적 신체적으로 건강을 지킬 수 있다. 셋째로는 웃다 보면 긍정적인 삶이 되어 발전이 따른다. 넷째로는 신뢰가 쌓이고 자신감이 제고된다. 교도소에 가서 고독을 씹지 말고 이 좋은 바깥세상에서 웃으며 살자.

인생이란 게 뭐냐. 다 즐겁자고 사는 것이다. 상대방을 즐겁게 하다 보면 그것이 선순환되어 나도 즐거워진다는 단순한 진리를 왜 우리는 자꾸만 망각하며 사는 걸까. 남과의 경쟁에서 치열한 다툼 끝에 쟁취하는 가시적 성과보다는 열길 우물물보다 깊은 나 자신의 내면세계에 보물을 저장할 때 영구적이고 진정한 승리가 기다리고 있다. 가시적으로 성공한 사람이 행복한 게 아니라 행복한 사람이 성공한 삶이라는 뜻이다.

보라! 동해에 떠오른 태양을. 누구나 태양을 볼 기회는 같다. 찬란하고 아름답다고 느끼는 건 나의 자유다. 나 자신의 삶이다. 고기도 먹어본 놈이 더 잘 먹는 법이다. 이 세상이 밝고 아름답다고 느끼는 사람에겐 동해의 태양만 있는 게 아니라 몽골 초원의 밤하늘에 떠 있는 유난히 빛나는 별도 있다.

인생의 여정에는 도전할 것도 많고 해야 할 일도 많지만 재미나고 신 나는 사건도 우리를 기다리고 있다. 산에 오르는 목적이 저마다 다르듯이 삶을 대하는 태도도 각자의 뜻에 따라 천차만별이다. 어떤 이는 몇천 미터의 산에 올라야 성에 차지만 나 같은 사람은 몇백 미터의 산을 얼마나 자주 찾느냐에 의미를 두고 즐기며 여러 부류의 사람들과 어울리면서 세상을 폭넓게 살아가고자 한다. 비록 부자는 아니더라도 그저 밥 먹고 사는 데 지장이 없을 정도면 충분히 행복하고 감사하게 생각하며 살아가고 싶다.

시각 · 청각 · 후각 · 미각 · 촉각의 다섯 가지 감각의 융합을 통한 다양한 삶의 질을 추구하며 살 수 있다면 그것은 엄청난 행운이다. 아니 최고의 행복한 삶이다. 이것이 바로 인생 여정의 오아시스라고 생각한다.

마감

벌 한 마리가 들어왔다
내가 일하는 공간으로

벌써 사흘째인데
언제 생을 마감할지 모르겠다

11월 말인데
바깥에는 어제저녁부터 비가 내리고 있다

이놈을 밖으로 내보내도
이놈이 이 안에 있어도
생을 연장할 가능성은 없어 보인다

어쩌다 이리로 왔을까
궁금하기도 하고 착잡하기도 하다

본인 자신은 알고 있을까?
마감할 때가 다가오고 있다는 걸

옆에서 보면 다 느끼는데

하늘 높이 올라간 야구공도
언젠가는 땅에 떨어지는데

이런들 저런들 어떠리
그냥 이대로 살다 가면
마찬가지라고 생각할까?

나이테

창밖을 보다가
우연히 비친 내 얼굴
목젖 주름살만 늘었구나

왜 그리 표시 내는 거야
그렇지 않아도 다 아는데

조물주는 너무 정확해
모든 걸 다 표(標)가 나게 하니까

내가 여태까지 걸어온 길도
지울 수가 없겠네
조물주가 보고 있으니까
조물주가 다 알고 있으니까

그렇다면 하는 수 없군
다 받아들여야지

내가 걸어온 뒤안길에
눈이 다시 내려도
지워지는 게 아니구나

세상살이

간밤에 내린 눈이
옥상에 머물렀다가
아침 햇살에 물이 되어 흘러내린다
4층 유리창을 타고

새벽녘까지는 하얀 옷을 입고 있었지만
따뜻한 햇볕을 만나면서 벗어버렸다

인간이 볼 때는 다른 놈 같지만
원래 그놈이 그놈이었다

세상이 변한 게 아니라
내 마음이 바뀐 거다
밤사이 그놈이 얼음이 되었더라도
본질은 바뀐 게 아니다
환경이 바뀌었을 뿐이다

한 조각의 인연

집에서 기르는 개새끼도
밥 챙겨주는 사람 따르고
내 뱃속에서 태어난 자식도
젖을 떼면 보챈다

등산길도 다니지 않으면
잡초가 무성해 통로가 없어지고
친구도 자주 만나지 않으면
이야깃거리가 없어진다

아픔과 좌절, 기쁨과 즐거움
모두가 인생의 한 조각이라지만
마음 한 푼이라도 더 주는 게
작은 인연을 큰 바다로 만들 수 있다

12월의 바람이 매섭다고
남을 원망하지 마라
인연이 이어지고 끊기고는
내가 하기 나름이다

이 순간

마음속으로는 끊임없이 몸부림치고 있다
후회 없는 삶을 위하여

"더 신중했어야 했다"
"더 잘했어야 했다"
후회(後悔)란 나중에 뉘우치는 거

뒤를 돌아보면
흘러간 과거일 뿐

다시는 돌아오지 않는
제3한강교 밑을 흐르는 물

역사(歷史)는
그 자취를 뜯어고칠 수 없는 것

인생은 짧고 세월은 덧없다
지금의 이 순간순간이 모여서

역사를 이룬다

이미 지나간 과거의 잘못된 발자취를
영원히 지워버릴 순 없겠지만
다시는 후회하지 않을
과거와 미래의 경계가 되는 바로 이 순간부터
또 다른 과거를 만들어가는 게…

2부

늘 기다려지고
늘 보고 싶고
한없이 사랑하고
평생을 가슴속에 담고 싶은
소중한 인연이여

중도하차

46년 지기 친구 녀석들도
사반세기 가까이 모신 선배님도
나만 보면
이제 좀 재미나게 놀라고 한다

영등포에서 타서
서울역까지 가려고 하는데
용산역에서 그만 내리라고 하는 거다

지금부터 50여 년 전
삼각지에 살 때
개천가 위에 판자때기로 지어진 뒷동네 공중변소에는
아침마다 긴 줄이 생겼다
한 손에는 신문지 조각을 움켜쥐고
먼저 들어간 사람이
언제나 나올까 초조하게 기다리면서…

친구 녀석들, 선배님은 이 마음을 모르겠지

2등의 자리

최고가 된다는 건

누구나의 소망이다
아니 모두가 갈망한다

최고의 자리에 오르면

선망의 대상이 된다
외로워진다
불안해진다
비난도 많이 받게 된다
계속 지키기 위해 끝없이 노력해야 한다
모든 걸 각오해야 한다
그리고 언젠가는 내려와야 한다

2등의 자리에 있으면

아쉬움이 남는다

스포트라이트(Spotlight)에서 한 발 비켜날 수 있다
더 도전할 상대와 목표가 확실하게 남아 있다
1등을 비난하는 세력의 생각을 엿볼 수 있다
그리고 언젠가는 내려올 수도 있지만 올라갈 수도 있다

산에 오르면

누구나 맨 꼭대기까지 오르고 싶어한다
그러나 인생의 정점에 다다르면 하산할 수밖에 없다
난쟁이가 쏘아 올린 작은 공도 땅에 떨어진다
1등도 해보고 2등도 하는 게 우리네 삶!
어디에 있건 그 자리의 등급은 자신이 생각하기 나름이다
오늘도 동네 뒷산에 오르고 있지만
히말라야 산을 정복한 기분이다

날갯짓

자꾸자꾸 파닥거린다
나비 한 마리가
동쪽 창문 안에서

여기는 니가 살 곳이 아니다
내가 일하는 곳이란다

어쩌다 여기까지 왔니?
그래도 너는 아는구나
잘못 들어왔다는 걸

너의 날갯짓은
한 인간의 몸부림치는 삶이란다

인간도 발을 잘못 디디면
너처럼 쌩고생 한단다

그래도 너는 행운아!
바깥세상으로 다시 나가게 되었으니

죽을 때까지 잊지 마라
오늘 같은 생사의 갈림길을

다시는 오지 마라 이곳에
그때는 도와줄 이 없으니

횡단보도에서

겨울 추위가 시작된다는 소한(小寒)을 며칠 지나
오후 6시가 조금 넘은 사거리에서
사람들은 기다리고 있네
자동차도 기다리고 있네
자기 순서를

횡단보도는 사람이 횡단하도록 해놓은 차도
길을 건너는 사람으로서는 보도(步道)
신호를 기다리는 차로서는 차도(車道)
그러니까 보도도 되고 차도도 되네

지금은 차도네
내가 자동차 안에 있으니까
그런데 왜 이렇게 신호가 긴 거야?
낮에 길을 건널 때는
신호가 너무 짧아 뛰었는데

인생은 메아리

2006년 4월부터 매주 첫 번째 토요일이면 만나는 모임이 있다. 산이 좋아 결성된 것이 아니라 매월 만나기 위한 수단으로 등산을 택한 것이다.

지난달 63회째 산행을 하면서 회원들과 지나온 발자취를 회고하는 시간을 가졌다.

내가 초대 회장으로서 지금까지 그 역할을 수행하고 있지만 내세울 건 두 가지였다. 한 번도 모임을 거른 적이 없다는 것과 회장인 내가 한 번도 빠진 적이 없었다는 사실이다. 회원들은 이구동성으로 이것만으로도 그 가치는 높이 평가될 수 있다고 말한다.

그 역사의 배경에는 운영자로서 내가 빠지면 절대 안 된다는 의식과 둘만 모여도 눈이 오나 비가 오나 등산을 곡 한다는 문화가 바탕을 이루고 있었다. 그리고 흥미로운 건 절대로 참석을 강요하지 않는다는 것과 흔히들 얘기하는 거창한 회칙이란 것 없이 그저 자율적으로 움직인다는 것이다.

자발적인 참여와 자유로운 운영에 탈퇴하는 사람이 없었는지 모르겠지만 그저 만나면 좋은 그런 모임이 되었다. 누굴 탓하지도 흉보지도 않는, 또한 강제하지도 않는 그런 도임 말이다. 우리 모임에 있어서 회원들 모두가 소중한 빛이요 즐거움이요 추억의 언덕이다.

대학시절에 어느 교수님으로부터 들은 이야기가 생각난다. '운동은 자기가 좋아서 하는 것이고 노동은 할 수 없이 하는 일이다.' 그렇다. 모임은 자발적으로 참여하는 것이고 직장 조직은 일을 하기 위해서 강제로 만든 것이다.

운동과 노동, 모임과 직장은 출발부터가 그 목적과 개념이 다르다. 누가 시키지 않아도 스스로 알아서 일하는 사람이 많은 집단을 일류 조직이라고 한다. 시킨 일도 제대로 해내지 못하는 집단을 삼류 조직이라고 부른다. 결국 조직 구성원의 의식과 분위기에 따라 등급이 매겨지는 것이다. 직장 내에서도 일을 운동처럼 스스로 찾아 하며 즐기는 부류가 있는가 하면 마지못해 하는 사람도 있다. 각자 마음먹기에 따라 일류도 되고 삼류도 된다. 또한 직장 분위기에 따라 많은 영향을 받는다.

1979년에 직장이라는 곳에 발을 내디딘 후 지금까지 나는 어떤 자세로 살아왔을까 뒤돌아보니 항상 명품을 만들려고 최선을 다했고 내가 주인이라는 생각을 늘 잊지 않았던 것 같다. 나름대로 운이 좋아 훌륭한 상사를 만나게 되어 완벽한 업무처리를 강요받게 된 것이 지금의 나를 만들었다는 생각을 하게 된다.

스트레스를 많이 받아 머리도 빠지고 자주 있던 술좌석도 빠지지 않아 그것이 약이 되어 '틀림없는 사람(?)'으로 자리매김하게 되었는지도 모르겠다.

지금 와서 돌이켜보면 힘들게 일을 배우면서 정신적 고통도

켰으나 그런 반면 성취감도 많이 느꼈고 어떤 자세로 사회생활을 해야 하는가에 대해서 기초를 튼튼하게 다졌다고 볼 수 있다. 이러한 성장 과정을 통해서 사십 대에 사업을 하면서도 업무를 수행하는 데 큰 애로는 느끼지 않았던 것 같다.

오십에 들어서면서부터 이러한 경험과 정신적 자세를 후배들에게 전수할 때마다 보람도 맛보게 되었다. 그러면서 세월이 흘러 내 자식들이 사회에 진출하게 되면서 역전의 용사로서 사랑의 멘토가 되었다.

오랜 기간 사회생활에서 얻은 소중한 경험을 가정교육에도 활용할 수 있다는 사실도 알게 되었다. 그래서 '자식은 부모의 등을 보며 자란다'는 옛날 어른들의 말씀도 이해하게 되었다. 모든 게 주위 사람들을 잘 만나서 이루어진 결과다. 늘 감사하게 생각하고 있다. 이젠 내가 주위 사람들에게 기쁨을 나누어줄 차례다. 그래서 앞장서야 한다.

'내가 가는 곳엔 웃음이 넘쳐흘러야 한다. 그곳엔 소중한 자산들이 늘 만들어지기 때문이다. 나는 제조자이자 공급자로서 나도 행복하고 남도 행복해야 한다'는 자세로 많은 사람과 만나 웃고 즐기며 나와 다른 모습을 배우며 살아갈 것이다.

행복도 훈련을 통해 강화되고 늘어난다고 했다. 나는 행복도 전염된다고 믿고 있다. 그래서 내가 행복하면 옆 사람에게도 학습 효과가 있다고 생각한다. 만나면 즐겁고 껄껄껄 웃다가 보면 행복이 모든 사람에게 자연스레 전달된다고 본다. 또한, 상대방의 장점만 보려는 자세가 아름다운 동행으로 이어질 수 있다.

그리고 그런 자세가 나 자신을 더욱 행복하게 만든다.

동행하는 사람들이 많아야 내가 존재할 의미가 많아진다. 혼자 행복한 것보다는 내 주변의 많은 사람들이 행복해할 때 나도 진정으로 행복한 것이다.

삶의 만족도는 다른 사람들과의 관계에 달려 있다고 한다. 사람 인(人) 자가 두 획으로 구성된 이유는 혼자가 아니라 둘일 때 진정한 사회적 동물이 된다고 생각하기 때문일 것이다.

가족이란 한 지붕 밑에서 돼지처럼 피부를 맞대고 삶을 같이 하는 사람이다. 친구란 글자 그대로 옛것들과 친한 관계의 사람이다. 동료란 같은 일자리에서 정해진 목표를 달성하기 위해 모인 사람이다.

가족, 친구, 동료는 얼굴을 자주 보는 사람들이다. 마음이 통하지 않는 만남은 우리의 삶을 슬프게 한다. 만나면 반가워야 진정한 가족이고 진정한 친구이며 진정한 동료다.

보고 싶은 얼굴이 많다는 건 다양하고 폭넓은 삶을 영위하고 있다는 증거이기도 하다. 한평생을 살면서 피하고 싶은 사람보다 만나고 싶은 사람이 많아야 사는 게 재미있고 신 난다.

내가 상대방을 어떻게 대하느냐에 따라 사랑이 깊어지고 정이 깃들며 인간관계가 강화되는 법이다. 나의 마음과 시간을 투자하는 양에 비례해서 상대방과의 관계가 돈독해지거나 소홀해지는 것이다. 내가 좀 더 적극적으로 나설 때 상대방도 가슴을 연다.

대통령 비서실장과 국방장관을 역임했던 미국의 도널드 럼즈

펠드가 '모든 사람을 만족시키려 해도 누군가는 불만을 가질 것이다'라고 말했듯이 세상에 완벽한 인간관계란 존재하지 않는다.

다만 최선을 다해서 노력하고 투자할 때 거기에 상응하는 결과를 기대할 뿐이다. 다만 나 아니면 안 된다는 생각, 내 말만 옳다는 생각, 모두가 만족해야 한다는 강박관념, 비난이 무서워 변화를 피하려는 태도는 지양해야 한다.

상대방의 생각이 틀린 게 아니라 나와 다를 수 있다는 걸 수용할 때 인간은 사회적 동물로서 성장할 수 있다고 생각한다.

이러한 생각은 가족 내부에서도, 친구들과의 만남에서도, 회사 조직 내에서도, 여러 종류의 모임에서도 필요한 덕목이다.

생각이 행동을 만든다고 했다. 사람은 마음먹기에 따라 어떤 행동도 할 수 있다. 내가 어떤 생각을 갖고 행동하느냐에 따라 나 자신과 주변 사람들을 만들어갈 수 있다. 내가 행복하다고 생각하고 긍정적일 때 많은 사람들이 따르게 된다.

그리고 재미있는 사람에게 많은 친구가 모여들고 환자보다는 건강한 사람을 좋아하게 되며 남을 돕는 사람을 존경하게 된다.

남을 돕는다는 건 결국 나를 돕는 것이다. 상대방을 돕는다는 건 무척이나 보람된 일이며 나를 행복하게 만드는 것이다. 나에게 도움을 청하는 사람이 많다는 건 내가 그만큼 가치 있는 삶을 잘 살아왔다는 증표이기도 하다. 남에게 화를 내는 건 결국은 나에게 화를 내는 것이다.

친구 녀석 중에 운전대만 잡으면 유난히 욕을 잘하는 놈이 있다. 옆에 가던 차량이 갑자기 끼어들면 바로 욕이 튀어나온다.

그러나 상대방 차량의 운전자는 욕설이 들리지 않는다. 이 차나 저 차나 다 문을 닫고 운전하기 때문이다. 결국 동승한 친구들만 그 욕을 듣게 된다. 그리고 욕설을 퍼부은 친구만 혈압이 오른다. 본인만 손해다. 자기가 자기에게 욕을 한 거나 다름없다. 생각은 행동을 불러일으키는 전기적 신호라고 한다.

부정적인 생각과 사랑의 행동이 부족한 건 좋은 생각들로 내면을 채우지 못했기 때문이다. 우리의 삶이란 내가 어떻게 대응하느냐에 따라 결정되는 역사다. 그래서 세상살이는 내 마음의 평화를 찾는 쪽으로 매 순간을 결정해야 한다. 높은 등성이는 에돌아가고 먼 길일수록 천천히 가면서 본인 스스로 동의할 수 있는 진정한 행복을 맛보며, 어떤 교감이라도 함께 나눌 수 있는 사람이 꼭 있어야 한다. 그것이 슬픈 일이든 기쁜 일이든 같이할 수 있는 동행이 필요한 것이다.

그래서 인생은 내 마음이 상대방에게 부딪혀 되울려 오는 메아리!

일곱 살 형호 씨

요즘 들어 문뜩문뜩 나라는 존재가 다른 사람에게 빛이 되고 힘이 되는지 뒤돌아보게 된다.

대부분의 사람들이 바쁜 일상 속에서 이런 생각을 잊고 사는 경우가 많을 것이다. 세상에 태어나 그저 내 한 몸 먹고 사는 데만 급급하다 떠난다면 삶에 무슨 의미가 있을까. 3년이란 길다면 긴 세월을 준비해서 『시간을 잃어버린 마을을 찾아서』라는 수필집을 내놓았을 때 주변의 어떤 지인으로부터 다음과 같은 얘기를 전해 들었다.

그분의 아들이 군에 입대해서 첫 번째 면회를 갔을 때 집에 있는 책 좀 보내달라고 하기에 나에게서 받았던 이 수필집을 부쳐주었는데 얼마 후 아들에게서 '저도 이 책을 쓰신 분처럼 살고 싶어요'라는 내용의 편지를 받았단다. 나는 그분으로부터 이 소식을 전해 듣고 한 권의 책을 통해서 나의 생각이 이렇게도 전파될 수도 있다는 경험을 하게 되었고 작가로서 해야 할 역할과 책임의 중요성을 새롭게 인식하는 계기가 되었다.

가끔 학생들을 대상으로 대학 강단에서 특강을 할 때면 많은 시간을 투자해서 원고를 준비하는데 인생의 선배로서 그들에게 무엇을 전해 주어야 할지 고민하게 된다. 그리 길지 않은 강의 중 어떤 학생은 내가 얘기한 내용을 삶의 지표로 삼을 수도 있겠다는 생각에 책임감을 느낀다. 주례를 설 때도 한 가정을 꾸미는 신랑 신부에게 평생 가슴에 담고 살아갈 의미 있는 말을 전하고자 열두 서너 번씩 원고를 고치고 또 고쳐서 주례사를 완성한다. 그리고 주례사를 비닐로 코팅해서 평생 잊지 말고 보라며 선물로 증정하고 있다.

2011년 5월 28일 토요일, '사랑 나눔 걷기대회'에 참가했을 때 행사를 주관하는 사회복지사로부터 이형호라는 지체장애인을 소개받았다. 마치 여름같이 햇살이 따가운 날씨에 학생들을 비롯한 많은 사람들이 도움의 손길을 내밀기 위해 학의천 변에 모였다. 걷기 행사가 시작되자 나는 형호와 손을 잡고 걸었다. 이 행사에 같이 참가한 동료들과 떼를 이루어 아주 천천히 걷는 동안 내 짝꿍인 형호에게 물었다. "몇 살이야?" 그랬더니 "일곱 살이요"라고 했다. 그러자 옆에 가던 사회복지사가 내게 귀띔을 해준다. 형호 씨는 사실은 서른한 살인데 일곱 살까지의 기억만 남아 항상 일곱 살이라고 말한단다.

둘이서 한참 손을 잡고 걷다 보니 손바닥에 땀이 나서 왼손을 떼고 오른손으로 바꿔 잡게 되었다. 그랬더니 형호는 더욱 세게 내 손을 쥐었다. 아마도 나를 아빠라고 인식해서 손을 절대 놓치지 않으려고 그런 것 같았다. 어느 부모가 자기 역할을 다하지 못해서 이런 비극적 상황이 생겼다는 생각에 마음이 편치 않았다. 얼마를 지나니 아파트가 보였다. 이번에는 형호가 "아파트다" "아파트다"를 연호했고, 지나가는 자동차를 보면서는 "차 타고 싶다" "차 타고 싶다"를 몇 번씩 반복해서 말했다. 자기를 낳아주신 부모의 관심으로부터 내팽개쳐진 후 거기에서 기억이 멈추고 만 것이다.

장례식장에 문상을 갈 때마다 느끼는 감정이 있는데 돌아가신 분의 영정에 절을 할 때 나의 부모님 얼굴이 꼭 교차하는데 마찬가지로 형호를 보면서 우리 아이들의 어렸을 때가 떠올랐다. 나는 아이들에게 부모로서 해야 할 역할과 의무를 다했는지 되돌아보았다. 형호에게 있어서 부모란 어떤 사람으로 남아 있을까? 부모는 자식을 키우는 게 힘에 겨워 순간순간 역정을 내는데, 할머니 할아버지는 손자 손녀를 한없이 귀여워한다는 말을 많이 들었다. 이제야 그 의미를 알 것 같다. 제 새끼를 키우느라 잠을 설치고 고생했던 경험이 있기에 그 자식이 결혼해서 애를 낳아 기르는 입장을 십분 이해하기 때문일 것이다.

구정 때 신길동 사촌 형님과 이촌동 큰누이를 뵈러 갔을 때 두 분께서 우연히 똑같은 말씀을 해주셨다. 칠십이 넘은 두 분은 한 달 사는데 100만 원이면 빠듯하지만 그럭저럭 괜찮은 편이라고 했다. 그러나 몸이 아파서 병원에 가야 할 때가 큰 걱정인데 자식들에게 당신 입으로 직접 얘기하기도 뭐하고 해서 그냥 방치하는 경우가 많다고 한다. 그런데 자식들이 알아서 보태주면 얼마나 고마운지 모르겠단다. 바로 이것이 부모의 마음이다. 자식은 본인들이 그 나이가 되어야 비로소 알게 될 것이다.

부모로서 자식에게 힘이 되고 자식으로서 부모에게 힘이 된다는 건 입장을 바꿔서 생각해야 알 수 있는 것 같다. 형호의 부모도 눈을 감을 때까지 부모 된 도리를 다하지 못한 죄책감으로 평생을 죄인으로 살아갈 것이다. 나 자신도 그날 처음 만나게 되었던 형호를 다시 찾지 못한 것이 늘 마음의 빚으로 남아 있으니까.

세상을 살아가면서 남에게 빛이 되려면 많은 관심과 행동이 뒤따라야만 한다. 그리고 상대방에게 필요한 사람이 된다는 것은 그렇게 녹록지 않다. 그 사람에게 무엇이 필요한지 애정을 갖고 당사자 입장에서 곰곰이 생각해 봐야 알 수 있다.

부모는 자식 입장에서, 자식은 부모 입장에서, 운전자는 보행자 입장에서, 보행자는 운전자 입장에서 역지사지로 보아야 답을 얻을 수 있다.

아무리 추운 겨울 날씨에도 아침에 비치는 햇빛은 밤새 길바닥에 꽁꽁 얼어붙은 눈을 녹인다. 앞을 구분할 수 없는 칠흑 같은 어둠 속에서도 계곡 아래 저편에 쓸쓸히 홀로 서 있는 너와집에서 새어나오는 희미한 불빛은 길을 잃고 헤매는 하산객에게 희망의 이정표가 된다.

이와 같이 빛은 절체절명의 위기에 놓인 사람을 구원하는 역할을 한다. 산모퉁이를 돌아 언덕길을 버겁게 오르는 리어카를 뒤에서 밀어주면 앞에서 끄는 사람에게 큰 힘이 된다. 이리 갈까 저리 갈까 방향을 못 잡고 헤매는 사업가에게 선배의 경험담 한 마디는 곧바로 제자리를 찾게 해주는 나침판이 된다.

누군가에게 빛과 힘이 될 수 있다는 건 내 손안에 있는 잠재된 행복을 밖으로 꺼내 활짝 피게 하는 즐거운 일이다.

여태껏 살아오면서 가족에게 사랑한다는 표현을 쉽게 하지 못했다. 사랑한다고 말하는 것이 기술이라면 가슴 깊은 곳에 쌓아둔 애정으로 언제나 빛과 힘이 되려고 노력하는 건 예술이라고 평가하고 싶다. 나와 가깝게 지내는 사람에게도, 일면식도 없는 사람에게도, 평상시에는 그 중요성과 고마움을 모르는 절대적으로 필요한 태양과 공기처럼 나의 빛과 힘은 기다려지고 있을 것이다. 그러므로 누구나 생각하기에 따라 강력한 빛과 힘을 발휘할 수 있다.

서로에게 빛과 힘이 되어주는 사람이 있다는 것은 천리향 같은 삶의 향기를 지니고 살아간다는 증표이기도 하니까.

지금도 형호 씨가 기다리고 있을 텐데….

까치가 울고 있으니

생각만 해도
기분 좋은

얼굴만 봐도
기분 좋은

그대!

늘 기다려지고
늘 보고 싶고
한없이 사랑하고
평생을 가슴 속에 담고 싶은
소중한 인연이여

그대 있음에 내가 있고
그대 있음에 살아갈 가치가 있네

아무리 무소식이 희소식이라 하여도
나에게는 그저 스쳐 지나가는 바람 소리 같이 들리네

이른 아침부터 까치가 집 앞에서 울고 있으니
오늘은 제 새끼 앞세우고 찾아오려나?

이순(耳順) 앞에서

낙엽 지는 소리에
서글퍼지고

겨울이 오는 소리
두려워지네

덧없는 세월 속에
한 해가 또 가는구나

태어나면 늙고
늙으면 병들고
병들면 죽는다고 하지만

무엇을 보이려고 봄은 오고
무엇을 맺으려고 여름이 오며
무엇을 거두려고 가을이 오나

왜 이리도 가을은 꼬박꼬박 찾아오는가

황무지는 어디 있나?

2003년부터 『시간을 잃어버린 마을을 찾아서』라는 수필집을 쓰면서 '우리네 삶은 황무지에서 출발하여 결국은 황무지로 끝을 맺는 것이 아닐까 싶다'고 의견을 피력했을 때, 친구 녀석이 중국의 북대황(北大荒)이라는 곳을 같이 가보자고 제안했다. 그러나 현업이 바쁘다는 핑계로 차일피일 미뤄오다가 우여곡절 끝에 드디어 그 약속이 6년 만에 이루어지게 되었다.

우리나라에서 북쪽으로 올라가면 북한이고 그 위에는 길림성이 있고 더 북쪽이 흑룡강성이며 강을 넘으면 러시아가 자리 잡고 있다.

그러니까 쉽게 얘기해서 북대황은 우리나라에서 보면 중국의 가장 북쪽에 위치해 있다고 생각하면 된다. 글자 그대로 '북쪽의 큰 황무지'라는 뜻이다.

우리는 잘 알려진 관광코스도 아닌 이곳을 일주일 동안 원정하기로 작심하고 2011년 10월 13일 아침 인천공항을 떠났다.

두 시간여 만에 첫 번째로 도착한 곳은 목단강(무단쟝) 공항이었다. 공항에서 빠져나오는 마지막 관문인 검색대에서 수색견이 내 가방에 코를 대고 킁킁거리는 바람에 옆에 있는 방으로 끌려가 가방을 풀어헤치고 짐 조사를 받았는데 희한한 일이 발생하였다. 가방 속에 참치캔과 돼지고기를 가공한 캔이 들어 있었는데 돼지고기를 가공한 캔 종류는 중국 내 반입금지 식품으로 지정되어 있어 빼앗기고 말았다. 그나마 다행이라고 생각하며 하도 어이없어 웃고 말았다. 아마도 한국산 돼지고기 캔은 그들에게 그날 저녁 배갈(고량주)의 좋은 안줏감이 될 거라는 상상을 하면서….

공항 앞 주차장에는 10년도 넘어 보이는 소형 택시들이 세차도 하지 않은 지저분한 모습으로 승차객들을 먼저 잡으려고 서로 다른 요금을 제시하며 경쟁적으로 접근했다. 15년 전 몽골의 울란바토르 공항에서 택시를 잡을 때와 똑같은 광경이었다.

우리가 계획했던 베이스캠프로 가기 위해서는 열차를 타야 하므로 택시를 타고 목단강 역으로 이동했다. 역무원에게 물어보니 오늘의 목적지인 가목사(자무쓰) 역까지는 약 6시간 반 정도 걸릴 거라고 했다.

우리를 실은 열차 밖으로는 우리나라의 여느 농촌과 흡사한 풍경이 펼쳐졌다. 그러나 10월 중순인데도 이곳 시각으로 오후 4시쯤 되니 어둠이 찾아들기 시작했다. 우리가 탄 6호 차의 승무원은 중간역에 도착할 때마다 출입문을 열어주고 얼마간 정차했다가 떠날 때는 어김없이 또 출입문을 잠그는 것을 반복했다. 왜 그런 행동을 계속하는지 알 수는 없었다.

열차를 타고 가는 동안 승범 씨의 통역으로 우리 옆 좌석에 앉은 중국인들과 얘기를 나누게 되었다. 그들 중 제조업을 하는 사업가가 있어 많은 대화를 나누다 보니 지루함도 잊고 돌아오는 길에 자기네 지역을 방문해 달라는 주문도 받았다. 그들과 대화가 가능했던 데에는 우리 일행 중 길림성 출신의 중국교포 승범 씨가 동행했기 때문이었다.

우리 일행과 담소를 나누던 중국인들은 목단강 역을 출발한 지 두 시간 반 만에 임구(린코우)라는 역에서 내렸다. 그러니까 지금부터 4시간을 더 가야 우리의 1차 목적지인 가목사 역에 도착할 수 있다. 고등학교를 졸업하고 여수에 사는 상하네 집을 가기 위해 밤새도록 몸을 실었던 야간열차가 떠올랐다.

북으로 북으로 가는 이 열차는 깜깜한 밤의 한복판을 마치 40년 전 여수행 야간열차처럼 하염없이 서다 가다를 반복하며 끈질기게 달려 오늘의 목적지 가목사에 내려주었다.

역 광장으로 나오자 많은 사람들이 뭐라고 뭐라고 큰 소리로 호객행위를 해 정신이 없을 지경이었다. 그들이 택시기사와 여관주인들이었다는 사실을 곧 알게 되었다.

덩치가 큰 여자와 몇 마디 나누던 승범 씨가 따라 오라고 해서 친구와 나는 보호자를 놓칠세라 뒤에 바짝 붙어 걸었다. 이 아줌마를 따라 7,8분 후에 도착한 곳은 우리의 옛날 여인숙 수준이었다. 화장실은 공용으로 쓰고 각 방에는 침대 두 개가 전부라고 생각하면 되는 수준이었다. 그야말로 하룻밤 눈이나 붙였다가 날이 새면 떠나야 하는 임시 둥지 같은 곳이었다.

숙소에 짐을 내려놓고 늦은 식사를 하러 다시 역 광장 쪽으로 걸어갔다. 24시간 영업한다고 표시된 식당으로 들어가 소갈비 요리와 소주 반병 크기의 배갈(고량주) 하나를 시켜놓고 오늘의 여정을 큰 차질 없이 소화한 것에 대한 자축의 잔을 들었다. 아무것도 넣지 말고 밥만 볶아 달라고 했던 볶음밥 세 그릇이 나와 집에서 가져간 고추장과 비벼 곡기를 채웠다.

꽤 늦은 시간이고 내일 아침 일찍 출발해야 하므로 식사 후 바로 숙소로 들어가 잠을 청했다. 자다가 추울까 봐 양말도 신고 잠바도 입은 상태로 침대에 누웠다. 우리가 원하든 원치 않든 다음 날 아침은 찾아왔다.

제일 먼저 일어나 공동 세면장으로 들어가니 수건은커녕 비누도 없고 치약도 없었다. 어젯밤에 역 광장에서 호객행위를 하면서 샤워실이 완비되어 있다는 덩치 큰 주인아줌마의 말은 전부 거짓말이었다. 모든 게 팔자라고 생각하고 주어진 환경에 적응키로 했다.

아침 7시 반인데도 남자주인은 문 앞의 간이침대에서 누운 채로 손님의 질문에 답을 한다. 방 두 개에 60원(₩10,700)이니까 이해가 된다. 이 여관은 출입문을 열자마자 우측에 반 평 남짓의 구멍가게를 차려놓았기 때문에 주인이 이걸 지키려고 문 앞에서 자는 모양이다. 문을 열고 나가보니 여관, 초대소, 여점 등등의 명칭으로 숙소들이 몰려 있었다. 간판에 단인간(單人間), 쌍인간(双人間), 삼인간(三人間)이라고 기재해 놓은 걸 보니 1인실부터 3인실까지 다 구비되어 있다는 뜻인 것 같았다. 좌우지간 이것이 첫날밤의 모습이었다.

내 친구와 승범 씨는 이 여인숙에 나를 남겨두고 렌터카를 빌리러 나갔다. 아무래도 현지의 대중교통이 미흡하고 원활한 장소이동과 시간 절약을 위해선 전용차가 필요했기 때문이다.

한 시간이 지나도 소식이 없기에 의심이 많은 중국 사람들이 자동차를 빌려주려면 얼마나 복잡하고 까다로운 절차를 거쳐야 될까를 생각해 봤다.

어렵사리 빌려 온 렌터카에 세 사람의 짐을 싣고 아침부터 지도책을 보면서 북대황 지역을 찾아 나섰다. 서툴러도 면허증이 있는 승범 씨가 운전하는 게 낫겠다고 판단해서 조심스레 차를 몰아 도시를 빠져나왔다.

건삼강(建三江)까지 북진해서 북대황 여행의 반환점을 찍고 다시 베이스캠프인 가목사까지 약 200킬로미터 거리를 돌아오면서 몽골의 초원 같은 끝없이 펼쳐지는 비옥한 흑토밭, 옥수수를 가득 실은 경운기가 고속도로를 거꾸로 아무런 깜빡이 표시나 깃발도 달지 않고 역주행하는 모습, 근처에 사는 농민들이 4차선 고속도로를 무단 횡단하는 상황까지 모든 것이 이색적이었다.

연변 출신 동포 승범 씨의 서투른 운전 솜씨에 친구와 나는 긴장 속에서 운전교습도 병행하면서 가목사로 향하고 있었다. 오후 4시만 되면 밤이 시작되는 북쪽 지역의 특성 때문에 그 시간 이전에 숙소에 도착하기 위해 개통한 지 몇 달 안 돼 보이는 고속도로에서 지평선이 보이지 않는 좌우측 흑색의 곡창지대를 맘껏 바라보며 그 한복판을 달리고 달렸다.

승범 씨는 40대 초반으로 한국에 온 지 1년이 안 된 독신으로 이번 북대황 원정길 가이드로 지명되어 동행하게 되었다.

말투는 북한 말씨처럼 들리고 사용하는 단어는 중국식 의기가 짙어 승범 씨와 대화를 나눌 땐 무슨 뜻이냐고 자주 되묻는 경우가 많았지만 흥미로웠다.

어느 꼬치구이 전문식당 간판에 쓰여 있는 한자어 '串'을 '꽤'라고 읽는 걸 보면서 우리가 알고 있는 '관' 또는 '곶'과는 상이함을 알게 되었다.

건삼강 역 광장에 차를 세우고 아침 겸 점심을 해결하기 위해서 승범 씨를 역사 안으로 들여보내 컵라면용 뜨거운 물을 얻을 수 있는지 알아보라고 하자 약간의 물값을 지불하면 된다는 협상 결과를 이끌어낼 정도로 수완이 좋은 성격의 소유자였다.

또 하나 재미있는 건 쇠금(金) 자를 3개나 합친 식(鑫)이라는 글자가 무슨 뜻이냐고 물으니 '최고의'라는 뜻이라고 한다. 그래서 나는 '중국 사람들은 금을 정말 좋아해서 세 개나 겹쳐 쓰며 최고로 좋다는 뜻으로 간판에 많이 쓰는구나'라는 개념으로 이해하기로 했다.

흑룡강성 수빈현에 소재한 해산명주호텔(海山明珠賓館)을 숙소로 잡고 저녁 식사로 양고기, 닭목고기, 소고기, 오징어, 돼지고기 등등 참숯구이 꼬치를 원 없이 먹으면서 여행의 색다른 맛을 즐겼다. 일요일 아침에는 원시림 지구를 찾아 나섰다. 가목사에서 이란시를 거쳐 송화강을 페리로 도강해서 원시림으로 가다가 노오(老五)산장이란 곳에서 토종닭 한 마리를 주문해 놓고 돌아오는 길에 중국식 닭볶음탕 같은 음식을 맛보았다. 식당 안에 손님이라곤 우리밖에 없었지만 커피 색깔의 이국적인 닭볶음탕은 별미였다.

누르하치의 건국지였다는 이란에서 하룻밤을 묵고 다음 날 아침 숙소를 나서니 눈이 내렸는지 차 창가에 눈이 쌓여 있었다.

그리고 얼마 지나 않아 우리도 첫눈을 직접 맞이하게 되었다. 10월 17일인데 벌써 겨울이 찾아온 것이다. 눈이 내리는 고속도로를 달리면서 승범 씨에게 물었다. "저 사람은 순례자(?)" 그랬더니 "아니요, 부랑자입니다"라는 답이 돌아왔다. 이번 여행 중에 고속도로를 하염없이 걷는 사람을 몇 번이나 봤기 때문에 던진 농담이었다.

여행을 좋아한다는 승범 씨는 이란에서 가목사로 돌아오는 자동차 속에서 '여행 자체가 진심을 싹 씻어내는 것'이라고 생각한다고 말했다.

중국에서 가장 추운 북대황 지역의 지붕과 밭은 첫눈으로 하얀데 아직도 한쪽에서는 아침 일찍부터 옥수수를 추수하는 농민들이 보였다. 참 넓기도 넓은 중국이다.

이렇게 북대황 원정을 대략 마무리하고 다음 날 아침에 렌터카를 반납하고 임구(林口)라는 곳으로 가기 위해 가목사에서 11시 30분에 출발하는 고속버스에 몸을 실었다. 임구는 목단강 역으로 돌아가는 중간 경유지인데 버스기사는 고속도로 위에 우리를 그냥 내려주고 가버렸다. 정말 황당했다. 추운 날씨에 여기서부터 어떻게 임구 시내까지 짐을 잔뜩 들고 얼마나 가야 할지 눈앞이 깜깜했다. 그 와중에도 내 머릿속으론 '아무 차나 붙들면 간다고 할 거야'라는 긍정 심리로 가득 찼다. 이런 생각으로 걷고 있는데 낡고 협수룩한 자가용이 고속도로로 진입하고 있었다.

우리는 무조건 손을 들고 차를 세웠다. 물론 승범 씨가 협상에 나섰다. 결과는 성공적이었다. 덕분에 고행의 길은 끝나고 교양 있게 임구로 입성할 수 있었다. 이곳은 첫날 우리가 열차를 타고 북으로 향할 때 만났던 중국인 사업가들이 초청한 지역이기에 큰맘 먹고 방문한 지역이었다. 이번 여행에는 많은 행운이 따랐다.

10월 13일 리무진 버스를 타고 인천공항으로 왔을 때 핸드폰을 분실하여 공항 안내 카운터 여직원에게 도움을 요청하고 찜찜한 마음으로 중국으로 출국했었는데 며칠 후 사무실에 연락하니 버스회사에서 연락이 와서 찾아줬다는 소식을 접했을 때의 날아갈 듯했던 기분.

임구의 금죽여관에서 319호실 키를 잃어버렸다가 친구의 방에서 다시 찾았을 때의 유쾌한 기분.

우연히 열차에서 사업가를 만나게 되어 현지 관광에 큰 추억을 남겼던 일.

그리고 매일 아침마다 셋이 모여 지도를 펴놓고 일일전당대회를 개최하며 그날그날의 일정계획을 수립했던 일.

여관 주방에 들어가 야채수프와 컵라면을 직접 끓여 아침 식사로 맛있게 먹었던 일. 연변 출신의 43세 승범 씨에게 13세 된 딸이 있다는 얘기를 들었던 일.

임구에서 고성(古城)이라는 시골 동네로 들어가기 위해 60년대에 익숙했던 25인승(?) 승합차에 올라탔더니 조수가 낚시용

의자를 내주어 통로에 쪼그려 앉아갈 때 달걀을 왕겨 사이사이에 집어넣은 조그만 광주리를 들고 탄 아저씨가 자기의 달걀이 깨질까 봐 험악한 인상을 쓰며 조심하라고 경고받았던 장면.

고성에 내려 길거리에서 군고구마를 파는 할머니에게 군고구마를 사는데 두 개를 손저울로 달아서 4원 50전(₩300)이라고 하기에 5원을 드렸더니 다음에 오면 그만큼 더 주겠다고 하던 일.

목단강 시내에 소재한 여관에서 마지막 밤을 묵기 위해 예약을 한 후, 조선족 문화거리도 구경하고 저녁엔 시장골목에서 꼬치(串)구이와 국수를 먹고 숙소로 돌아오는 길에 시내 한복판에 '목단평양관'이라는 음식점이 눈에 들어와 배가 불러도 가보자고 해서 한복을 곱게 차려입은 북한 여종업원들과 난생처음 직접 얘기도 건네고 평양냉면과 김치를 먹어볼 수 있는 기회가 생겨 이번 여행의 백미로 꼽을 만한 추억거리가 생겼던 일.

20대 초반으로 보이는 북한 여종업원이 음식 맛이 어땠냐고 묻기에 아주 맛있었다고 웃음과 함께 화답하며 내 마음속에는 '이렇게 맑고 친절한 아이들이 무슨 죄가 있나. 그저 나라를 잘못 만난 게 불쌍하지'라는 생각만 들었다.

국민도 국가를 잘 만나야 편안한 것이고 자식도 부모를 잘 만나야 고생 좀 덜하고 직원도 회사를 잘 만나야 발전이 있는 법. 모든 게 팔자라고들 하지만 이 지구 상에 제일 불쌍한 집단이 북한 국민이라는 생각을 다시 한 번 하게 만든 목단평양관 여종업원들의 앳되고 해맑은 모습을 중국에서 여행을 통해 목격하게 된 것도 내 팔자 중 하나가 될 것이다.

귀국길에 목단강 공항에서 친구 덕분에 VIP 라운지에 들어가 지점장으로부터 물 한 병씩을 대접받고 우리는 "VIP에서 양아치(누르하치의 후손이라는 뜻으로 이번 여정에서 내 친구에게 붙였던 애칭임)로 전락하는 데는 일주일밖에 안 걸리지만 양아치에서 VIP가 되려면 무진장 걸린다"는 농담을 주고받으며 한바탕 웃었다.

사람이 한평생을 살아가면서 삶의 품질이 올라가는 데는 많은 노력과 세월이 필요하지만 추락하는 데는 불과 며칠도 안 걸린다는 의미를 다시 한 번 느꼈다.

우리네 인생은 황무지에서 태어나 흑룡강성의 북대황 지역처럼 반세기가 넘는 세월을 통해 무한한 옥토의 옥수수 농장으로 변신할 수도 있고 정반대로 더 망가질 수도 있다.

1958년부터 개척한 북대황의 오늘이 있기까지 수많은 사람들의 피와 땀이 수반되었듯이 내 나이 58세가 되기까지 나는 어떻게 살아왔고 또 앞으로 어떻게 살아갈 것인가 생각해 보게 된다.

이번에 동행했던 친구 녀석과의 6년 전 약속을 지킬 수 있어서 의미가 더 컸다. 살아가면서 누군가와의 어떤 약속이라도 지키며 산다는 건 삶의 질서를 유지하는 또 다른 의미의 중요한 품격이라고 늘 생각했던 나!

여행은 사람을 정신적 부자로 만드는 괴력을 갖고 있다. 여행을 통한 추억은 죽을 때까지 변치 않는 무형의 자산으로 길이길이 남을 것이다.

어느 여행도 예외 없이!

한 잔의 파노라마

뜨거운 물을 컵에 가득 따라
둥굴레 티백(Tea bag) 넣으니
얼마 지나지 않아 누런 물 우러난다
실에 매달린 티백 건져 올리니
물 흠뻑 머금은 채
좌우로 흔들리다
이내 중심 잡고 뱅뱅 돌며
한 방울 한 방울씩 마지막 물기 떨어뜨린다
소용 다한 티백은 재떨이로 옮겨져
담뱃재 날리지 않도록 촉촉이 적셔준다
이제 쓰레기통으로 갈 차례
여러 사람들 손을 만나
이곳저곳 헤매다가
생을 마감하고
다시 흙으로 돌아간다
그리고 누렇게 우러난 향기도 사라져버린다

외로운 섬

형광등이 깜빡깜빡한다
가슴이 빽빽하다
뭔가 이상한 조짐이다

형광등은 손쉽게 갈았다
다시 환한 얼굴이다

9개월 전 수술받았던 작은 매형에게 여쭤보니
빨리 병원에 가보란다

생전 처음으로 가슴에 휴대용 기록기를 부착하고
24시간 생활심전도 검사를 받았다

형광등은 내 것?!
심장은 네 것?!

외로운 섬에 갇혀 배를 기다리네

늙은 애

팔순 넘은 노모의 전화
"나 아파서 꼼짝 못하겠다"

오십 중반 장남의 짜증스런 대답
"어머니 쪼끔만 계셔요. 곧 갈게. 알았죠?"

옆에서 듣고 있던 사람 왈
"돌아가신 다음 대성통곡하지 말고
계실 때 한 번이라도 더 찾아뵙는 게 효도랍니다."
"저도 26년 전에 알았지요."

자꾸 어린애가 돼간다는 노모는
우리들 미래의 거울

있을 때 잘해!!!

한 조각의 구름이 되어

그러니까 일 년 반 전에
해외로 간다고 했을 때 느꼈다
뭔가 이상하다고

세상이 맘대로 안 되고
모든 게 보기 싫고
모든 걸 피하고 싶을 때
어디론가 훌쩍 떠나버리려 하지

고통이란 성장의 전 단계
잘 이겨내는 게 꼭 필요한데
늘 방법이 고민이었지

이 사람아! 뭣이 그리 급해서
조그만 꿈도 이루지 못한 채
한 조각의 구름이 되어
이렇게 빨리 세상을 떠버리나
인생은 겪어봐야 알게 되는 건데

향수(鄕愁) 따라 여행길

나이가 들어가면서 꼭 해보고 싶은 게 있다. 그것은 다름 아닌 내가 태어나서 자랐던 '돌아가는 삼각지', 그리고 지금도 그 자리를 굳게 지키고 있을 용산소방서 옆에 있는 '용산초등학교', 버스표를 아끼려고 엄청나게 빠른 속도로 걸어서 30분 정도 걸렸던 만리동 고개에 있었던 '양정학교'를 그 당시와 똑같이 걸어서 가보는 것이다. 그러니까 1950년대와 60년대의 추억을 찾아 나서는 여행이다. 아마도 많은 생각이 교차할 것이다.

상상도 못할 정도로 변했을 거리의 풍경, 그때보다 두세 배는 걸릴 걷는 속도의 차이, 지나가는 사람들의 복장과 표정, 중간중간에 먹게 될 음식의 종류와 가격의 변화 등등, 흘러간 과거의 경험과 지금 느끼는 감정은 상상을 초월할 파노라마로 이어질 것이다.

어찌 보면 내 삶을 회상하는 추억의 언덕에 올라 반세기 전에 있었던 역사를 탐방하는 문화 이벤트가 될 것이다. 집사람과 함께 여유작작 걸으면서 떠오르는 옛날 얘기를 나누다 보면 덧없는 세월을 느낄 수 있으리라. 사실 맘만 먹으면 언제라도 가능한 일이지만 맨날 바쁘다는 핑계로 여태까지 미루어왔다. 이 첫 번째 계획을 실행하고 나면 두 번째로 우리 아이들이 태어나서 자란 곳을 살펴보는 여행을 통해서 애들을 키우며 생겼던 사건들을 꿰어보는 것이다. 물론 당사자인 딸과 아들이 동행한다면 가족 모두에게 의미 있는 행사로 길이 기억될 것이다.

앞만 보며 달려왔던 세월의 뒤안길을 돌이켜본다는 건 학교에서 역사를 공부하는 의미와 같을 것이라고 생각한다. 돌아가신 조상의 묘를 찾는 일도 소중하지만 살아생전에 이렇듯 자기의 발자취를 더듬어 보는 일은 더욱 흥미로울 것이다. 언젠가 사촌 형님을 따라 부모님이 6 · 25전쟁 때 피난살이 하셨던 거처를 방문했을 때 마치 역사의 현장을 만난 것 같은 느낌을 받았었는데 내가 걸었던 옛길을 찾으면 또 다른 감정을 맛볼 수 있을 것이다. 또한, 이 여행을 통해서 아름다운 추억도 재생되겠지만 함부로 써버린 과거에 대한 회한과 나에게 허락된 시간이 너무 짧았다는 아쉬움도 느낄 것이다.

그런데 이런 여행을 실행할 때는 구글의 CEO 에릭 슈미트가 말했던 것처럼 '휴대폰을 내려놓아야 진정한 나와 주위를 잘 살필 수 있을 것'이라는 생각이 든다. 여행을 하면서도 자기만의 시간을 갖지 못하고 계속 일상의 지배를 받는다면 그 의미는 반감되기 때문이다. 더 늦기 전에, 몸이 허용할 때, 과거를 반추해 보면서 앞으로 남은 삶을 어떻게 가치 있고 소중한 일들을 하며 잃어버린 숙제를 해갈 것인가를 고민해 보는 것이 이 여행의 궁극적인 목표인지도 모르겠다.

'죽을 때 가장 후회하는 다섯 가지'라는 설문조사 결과를 어느 신문에서 본 적이 있다.

첫째, 내가 원하는 삶이 아닌 다른 사람의 기대에 맞춰 살았다.

둘째, 일만 너무 열심히 했다.

셋째, 감정을 솔직하게 표현하지 못했다.

넷째, 옛 친구들과 연락을 끊었다.

다섯째, 변화를 두려워해 좀 더 즐겁게 살지 못했다.

라는 내용을 읽어 내려가면서 나 자신의 과거를 반성해 보았다. 이 나이에서도 내가 하고 싶은 걸 못하고 머뭇거린다면 서글프고 후회할 것 같다는 생각이 강하게 스며온다. 작은 일이지만 하나하나 숙제를 풀어가면 속이 좀 시원해질 것 같다는 얘기다. 결국 인생이란 내가 숙제를 내주는 선생님이고 내가 그 숙제를 하는 학생이란 생각이 든다. 이런 숙제는 안 해도 그만, 해도 그만이라고 생각할 수 있지만 그 차이는 비교할 수 없을 것이다. 인생의 오후에 배낭을 다시 꾸려보는 계기가 될 것이다.

앞으로도 늘 지금처럼 살아왔던 의식으로 시간을 죽인다면 무슨 의미가 있겠는가. 여태까지 꾹 참고 살았으면 이젠 새로운 용기를 갖고 작은 변화라도 도전해 봄이 어떨까. 어차피 이래도 후회하고 저래도 후회할 삶이라면 해보기나 하고 가는 게 낫지 않을까.

신 나는 오후는 결코 누가 만들어주지 않는다. 나 자신이 각본을 만들고 내가 주인공이 되어 멋진 영화 한 편을 제작하는 것이 필요하다. 인생은 생방송이라고 하던데 자꾸 다음에 다음에 하면서 미루기만 한다면 언제 작품이 남겠는가.

죽기 전에 '내 이럴 줄 알았다'고 후회한들 무슨 소용 있겠나. 살아있을 때 해보고 싶은 거 챙기면서 신 나는 하루하루를 맞이하는 게 지혜로운 삶이 아닐까 싶다. 가족에게도, 친구에게도, 주변 사람들에게도 제대로 못 했지만 나 자신에게는 무엇을 제대로 했던가를 다시 생각해 보는 계기가 필요하다는 것이다.

거창한 계획도 좋지만 간단하고 실행이 용이한 작은 이벤트부터 하나씩 진행하다 보면 자신감이 붙어 더 큰 방향으로 발전해 나갈 수 있다고 믿는다.

태어난 곳을 찾는다든지 다니던 학교를 방문한다든지 애들이 성장했던 지역을 시계열적으로 밟아보는 것부터 시작해서 평소에 하고 싶었지만 여건이 안 돼서 못했던 아쉬운 일, 그리고 남은 여생을 위해서 해보려고 하는 가치 있는 계획들을 단계별로 규모별로 작성해서 한 걸음 한 걸음씩 발자국을 남기는 것이 효과적인 접근 방법이라고 판단된다. 생각이 행동을 지배한다고 먼저 본인의 생각을 정리해서 계획을 세우고 실천을 하다 보면 또 다른 지혜가 생겨나 다음번 계획을 이행하는 데 효율적으로 대처할 수 있다고 본다.

군대시절 하루하루가 빨리 지나기만 기다렸던 것처럼 피동적으로 세월만 낭비하는 모습에서 벗어나야 한다.

내가 달력의 빈칸을 지배하면서 능동적 삶을 만들어갈 때 인생은 더 빛이 나고 행복은 배가 된다. 사람은 본의 아니게 시간에 지배당하면서 살아야 할 경우가 있다. 예를 들어, 결혼식이나 문상을 가는 건 인간으로서 기본적 예의에 해당하므로 본인의 의지와 시간에 상관없이 지배를 당하지만 나머지 시간은 생각하기에 따라 얼마든지 내가 설계하고 내가 건축하고 내가 유용하게 지배하면서 쓸 수 있다.

그중 제일 이해하기 쉬운 게 여행일 것이다. 여행은 스스로 떠나는 행위다. 낯선 만남을 위해 집을 떠나는 것이다. 그야말로 의도적으로 시간을 투자하고 그 기간과 장소를 지배하는 일이다. 그러나 여행이 장황하게 비행기를 타고 외국에 나가는 것이라고 부담스러워할 필요는 없다. 서두에서 소개한 대로 과거를 찾아 나서는 손쉬운 작은 여행도 즐겁다고 생각한다.

과거, 현재, 미래 이 모두가 시간이다.

시간은 돈으로 살 수 없다.

그래서 더 소중하다.

향수 따라 삼천리도 한 걸음부터!

즐겨보자 여생을.

작은 것부터.

그리고 형편이 되는 대로 편안하게.

오늘 밤에도 갈 곳이 있다. 20년 전에 알게 되었던 후배가 나보다 먼저 세상을 떠났다. 꿈을 다 이루지도 못하고. 또 하나의 아쉬움이 남는다.

인생은 겪어봐야 이해할 수 있는 교훈의 연속이라고 하지 않던가.

산마루에서

우리는 왜 헉헉거리며 산에 오르나
무엇이 있고
무엇을 찾으려고

거기엔 뿌듯한 학교가 있고
평생의 가르침이 기다리고 있지

거기엔 성취감이라는 학생이 있고
행복이라는 선생님이 기다리고 계시지

산은 늘 그 자리에 있고
산은 늘 기다리고 있는데
우리가 빈둥거리고 있는 거다

보리밥 집에서

벌써 몇 년째 회사가 어려워 고통스런 사장
금년부터 반백수가 된 부장
최저임금 미달자로 출근하는 봉급생활자
10개월 가까이 봉급 한 푼 못 받은 임원

이젠 이 식당도 걸어서 와야겠네요
얼마 지나면 컵라면이나 먹어야겠죠
명퇴한 은행지점장도 별수 없던데요
여기 있는 사람들이 다 반 시체지요

사십 중반에서 오십 후반까지의 네 사람
모두 걱정이 태산이다
멀쩡한 시체들이 걸어 다닌다고!

인생의 봄

땅속의 벌레들이
겨울잠에서 깨어나
봄을 꿈틀거린다

겨울에 자란 나무는
여름에 자란 나무보다
나이테가 촘촘하다

살아남으려면
때론 움츠려야 한다
세월이 흘러도 변하지 않는 진리!

소대장 시절에
무더위 속에서도 소금물을 마시며
참호를 팠다
머나먼 옛날 우리 조상들도
성 둘레에 구덩이를 팠다
살아남으려고!

인생의 봄은

겨울을 준비한 자에게만 찾아온다

까치가 지은 집

최첨단 기술이 동원된 고층 아파트
벽은 사방으로 금이 가고
바닥에는 여기저기 물이 새
집집마다 아우성이다

봄비가 내리기 시작한다는
우수를 엿새 지난 토요일 아침
모락산 입구의 키가 큰 나무 위에서는
크레인도 없이 혼자서
계속 마른 가지를 물어다가 나뭇가지 위에 쌓는다

한 마리의 까치가 지은 둥지는
설계도, 시공도, 감리도 혼자서 하지만
모진 비바람에도 끄떡없이 견딘다
자기 몸에서 분비한 사랑의 눈물로 엮은 보금자리는
오로지 가족의 안녕과 내리사랑으로 흠뻑 젖어 있다

마수걸이로

자꾸만 눈꺼풀이 내려앉는다
점심 후에는 꼭 보자고

실컷 먹었으니
운동해야 마땅하지

만사 제쳐놓고 헬스장으로 간다
운동기구가 빽빽이 기다리고 있지만
마수걸이로 찜질방부터 찾는다

제사를 지내려고 젯밥이 필요한지
젯밥이 있어 제사를 지내는지 모르겠지만
그래도 찜질방 덕분에 운동을 하게 된다

등짝이 흥건하게 땀으로 젖으면
무거웠던 눈꺼풀도 가벼워지고
즐거운 마음으로 제사를 지낸다

하나 되는 힘!

3월 중순 늦은 오후
까치들이 시끄럽게 울부짖는다
창밖을 내다보니
전깃줄에도, 옆 건물 옥상에도 빽빽이 앉아 있다

지진이 나려나?
먹잇감 때문에 싸우나?
처음엔 그렇게 생각했다

얼마 후 전투가 벌어졌다
황조롱이 한 마리를 에워싸고
수십 마리의 까치들이 근접 비행을 하며
벌떼처럼 달려들어 똘똘 뭉쳐 공격하고 있었다

삼십 년쯤 전에
큰애가 마룻바닥을 기어 다닐 때였지
문간방에 세 들었던 술주정뱅이 오십 대 아저씨가
대낮에 무단으로 우리 마루방에 들어왔었다는 말에

그날 밤 불러다가 무릎을 꿇게 하고
집이 떠나가도록 혼쭐냈던 사건이 떠올랐다.

도심의 버려진 까치집에 자기 둥지를 틀려다 그랬나?
부모가 먹잇감을 구하러 간 사이에
까치 새끼를 훔쳐 먹으려다 들켰나?

평상시엔 조그마한 일로도 티격태격하지만
외적이 나타나면 모두가 하나 되는 힘
가족!!!힘!

유모차의 뒤에서

바퀴가 여덟 개 달린 허름한 유모차에
종이박스와 신문지, 플라스틱 물통을 싣고
팔순은 되어 보이는 허리가 꾸부정한 할아버지가
자동차가 양쪽으로 주차되어 있는
골목길을 지나가고 있다

뒤를 이어 소형 승용차가 따라간다
천천히, 조용하게, 경적도 울리지 않고
할아버지는 아무런 낌새도 못 채고
마냥 거북이걸음으로 앞만 보고 계속 간다
가던 길 멈춰 그 광경을 바라보며
작지만 진한 감동이 일었다

몇 년 전 어느 겨울, 눈이 많이 내렸던 날
피자 배달 오토바이가 시내버스 뒷바퀴에 끼여
한 청년이 꼼짝달싹 못하고 있을 때
급한 마음에 119로 신고하려 핸드폰을 여는데
소방차가 코앞에서 달려오는 순간을 보면서

가슴이 벅차오름을 금할 수 없었지

감동이란 크기에 상관없이 마르지 않는 옹달샘
옆에 있는 교회 벽에는 이렇게 쓰여 있었다
"하나님은 당신을 사랑합니다"

인생의 자전거

이름이 다른 다섯 놈이 있다
근데 모두가 한 몸에 붙어산다
시간, 속도, 칼로리, 거리, 맥박

그냥 30분만 탈까?
시속 30킬로미터?
300칼로리는 소비해야지?
그래도 13킬로미터는 달려야지?
맥박은 100은 돼야지?

삶의 페달을 밟아 바퀴를 돌리면서
늘 고민하게 되지만 시간을 지배하며
때론 빠르게
때론 여유작작
사지(四肢)가 귀찮게
무덤까지 달려가자!
펄펄 끓는 가슴으로

인생의 두께가 쌓이면

춘삼월 아침 햇살이 셔터를 길게 누르고 있었다
사건의 용의자로 지목해서
신문을 보고 있는 나를
등 뒤에서 몰래 찍었다
책상 위에 드리워진 그림자를 보고 알았다

잠시 후 눈 깜박할 사이에 또 한 방 찍었다
사건의 참고인으로
동쪽에서 서쪽 하늘로 날아가는 새를
등 뒤에서 몰래 찍었다
나의 그림자 위로 나타났던 새로운 그림자를 보고 알았다

세상에는 나 외에도 늘 누군가가 존재한다
나만 아니라 누군가도 보고 있다
홀로 있어도 홀로 있는 게 아니다
인생의 두께가 쌓이면서
삶은 고발자이자 피의자이며 재판관이라는 걸 알았다

12.03.13

삶을 왜곡시키지 마라!

약 20년 전 분당에서 과천으로 집을 옮긴 후에야 주말이라도 꼭 등산을 해야겠다고 굳게 마음을 먹게 되었다. 그러니까 나이가 사십이 되면서부터 이런 식으로 살면 안 되겠다는 생각을 하면서 건강을 챙기기 시작했다고 볼 수 있다.

과천은 마음만 먹으면 등산하기에는 아주 좋은 여건이었다. 집 앞에는 관악산이 있고 뒤로는 청계산이 기다리고 있어 언제든지 신발만 신으면 출발할 수 있는 최적의 환경이었다. 나에게 있어 등산이란 건강도 챙기지만 부부지간에 늘 부족했던 대화를 나눌 수 있는 수단으로 큰 역할이 되어주었다.

과천으로 이사 와서 처음엔 젊은 혈기에 관악산만 오르다가 7,8년이 지나면서 힘에 부쳐 청계산으로 선회하여 지금까지 가장 즐겨 찾는 곳이 되어버렸다. 별일이 없으면 토요일과 일요일은 물론 빨간 공휴일까지 간단한 복장으로 산을 찾았고 그러다 보니 1년에 어림잡아 100번 정도를 오르는 셈이었다. 그러니깐 계산해 보면 약 20년간 2천 번을 등산했다는 얘기가 된다. 늘 같은 산을 찾아도 매번 느끼는 감정은 달랐다. 산이 변한 게 아니라 내 마음이, 내 육체가, 내 환경이 늘 달랐다는 것이다.

가슴 한쪽 구석에는 오늘 주말이니까 산에 가야 한다는 생각과 어제 늦게까지 술을 많이 들었으니 푹 잠이나 자야겠다는 생각이 늘 교차하였다. 늘 마음속으로는 전쟁을 치렀다. 이런 과정을 거쳐 습관이 되었다.

산은 봄에는 만물이 소생하는 광경을 보여주었고, 여름엔 뭔가가 열리고 있는 모습을 내 눈에 넣어주었으며, 가을에는 인간에게 거둘 것을 제공하며 푸름을 뒤로하고 낙엽이 되어 떨어졌다. 그리고 겨울엔 찬바람과 함께 하얀 소복을 입고 조용히 누워 있었다. 또한, 집사람과 함께하던 주말 등산은 세월이 흐르면서 다양한 사람들과 폭넓게 어울리게 되었다. 부부지간에 가정 내의 관심사만 다루던 대화는 여러 계층의 사람들과 산행을 함께하면서 정치, 사회, 문화, 스포츠 등 수많은 이슈에 대한 의견을 교환하게 되었다. 그리고 그날그날의 컨디션에 따라 산행시간도 짧게는 두 시간부터 길게는 네 시간 남짓 되었다.

오랜 기간 등산을 하다 보니 비가 오나 눈이 오나 약속이 있으면 반드시 강행해야 한다는 의식도 고취되었고, 등산을 하고 나면 뭔가를 성취했다는 뿌듯함을 알게 되었으며, 나이가 들어가면서 주변의 많은 사람들이 등산의 장점을 이해하고 동참하는 횟수가 증가함을 느낄 수 있었다.

그리고 한 번 등산 모임을 결성하면 한 달도 거르지 말고 계속 산에 오르는 전통을 이어가는 것이 구성원 모두에게 자부심을 느끼게 할 수 있다는 사실도 인지하게 되었다. 그러면서 우의를 더욱 두텁게 하고 인간관계도 강화된다는 걸 배웠다.

산은 인간에게 많은 걸 가르치는 것 같다.

어떨 땐 고통을 극복해야 기쁨이 기다리고 있다는 걸 알려주었고, 또 어떤 때는 동행하는 사람들과 호흡 맞추는 게 중요하다는 걸 느끼게 해주었으며, 계절이 바뀌어도 산은 늘 그대로임을 보여주면서 상황에 따라 요동치는 인간의 간사한 마음을 경고하였다. 또한 자기 자신이 걸어온 과거를 뒤돌아보게도 하고 앞으로 살아갈 길을 그려보게도 하였다.

누군가가 어느 신문에 기고했던 글이 생각난다. '모든 지위는 이 세상에 살면서 잠시 입었다 벗는 옷에 불과하다. 하고 있는 역할들도 인생이란 무대 위에서 잠시 맡고 있는 배역에 지나지 않는다.' 그런데도 많은 사람들이 삶을 왜곡시키려 노력하고 있다.

어느 노래 가사에 '인생은 나그넷길'이라고 했다. 따지고 보면 우리네 삶 자체가 지나가는 강물에 불과하다. 부(富)도, 명예도, 권력도 살아생전에 잠시 소유했다가 갈 때는 그냥 놓고 가야 한다는 걸 미리 깨닫는다면 좀 더 지혜로운 삶을 영위할 수 있을 것이다.

산은 말이 없다. 그냥 그대로 그 자리에 있을 뿐이다. 다만 산에 오르는 사람들의 마음이 시시각각으로 움직일 뿐이다.

우리 아이들에게도 하루라도 빨리 산에 다니는 게 좋다고 강조하지만 아마도 사십은 되어야 스스로 느낄 것이다.

삶에 대한 관대한 시선은 대부분 나이가 들어야 알게 되지만 이왕이면 조금이라도 빨리 인식하고 살아간다면 보다 넓고 깊고 높은 세계를 더불어 만끽할 수 있다. 정신적 존재로서 다양한 생각과 경험을 겸비한다는 건 나와 이웃 모두에게 삶의 가치를 제고시키고, 똑같은 한평생을 살다 가더라도 젊고 신 나게 그리고 기쁜 세상을 맞이할 수 있게 한다.

쉬운 예로, 집에서 그저 밥 세끼 먹으면서 살더라도 별로 지장은 없다고 생각하지만 독특한 맛을 찾아 전국 방방곡곡의 향토 음식을 음미한다면 세상을 넓게 접하는 계기가 되고 경험의 두께를 쌓는 기회를 얻을 수 있다는 뜻이다. 가슴을 뛰게 하는 삶의 방식의 도입이 필요하다. 늘 새로운 세계에 도전하기 위하여 일상의 그늘에서 과감하게 탈피해서 여태까지 못해 본 것, 지금까지 생각만 갖고 살아왔던 것, 보람을 느낄 수 있는 일 등등 수많은 프로그램이 우리를 기다리고 있다는 사실을 알아야 한다. 몰라서 못 했고 알면서도 미뤄왔던 크고 작은 일에 용기를 내어 도전하는 자세야말로 본인 스스로 신 나는 인생을 만들어가는 계기가 된다.

나에게 주어진 시간을 잘게 썰어서 다양한 분야와 접촉하고 내가 갖고 있는 경제력을 조금씩 나누면 세상은 다르게 보이며 나는 행복해진다. 나 자신을 왜곡시키지 않기 위해선 생각이 넓어야 하고 부지런해야 한다. 그 크기와 빈도에 다라 나의 삶은 질적 양적으로 변화하게 된다.

'세상은 넓고 할 일은 많다'는 말을 다시 한 번 음미해 보자! 사람은 태어나서 죽을 때까지 놀다 가는 것이란다.

자! 그러면 어떻게 놀 것인가. 이왕이면 즐겁고 보람차게 놀면 어떨까.

슈퍼벨트 인간

산에 가면 온갖 잡념은 사라지고 오로지 올라가는 데만 전념하게 된다. 거친 숨소리와 함께 불안과 초조함은 자연스럽게 잊어버리게 되고 하체 근력은 자동으로 단련되니 기분이 좋을 수밖에 없다.

주말에 집 가까운 낮은 산이라도 다녀오면 뭔가 뿌듯하고 자신감까지 생긴다. 따라서 몸과 마음이 동시에 건강해진다. 산에 오른다는 것은 우리가 살아가는 모습을 그대로 재연하는 것이다. 숨이 턱턱 막히는 코스에서는 어려웠을 때를 돌아보게 되고 순탄한 구간을 만나면 역경을 극복한 후에 숨을 고를 수 있었던 시절이 생각난다. 내리막길을 걸을 땐 '고생 끝, 행복 시작.' 그리고 인생의 소프트랜딩을 꿈꾸게 된다.

산에 오르는 사람은 공짜로 얻는 부수입이 많다. 졸졸졸 흐르는 계곡의 물소리를 들을 수 있고, 사각사각 밟히는 눈 위의 발자국 소리도 즐길 수 있으며, 푸석푸석 낙엽 밟는 소리가 내 마음을 담백하게 해준다.

그리고 짹짹 우는 새소리와 나뭇가지가 흔들리며 내는 천연 음악도 청취할 수 있다. 이 모든 게 신이 인간에게 주신 선물이지만 산에 오를 때만 얻을 수 있다. 더 소중한 것은 동행하는 사람과의 친밀감도 자연스레 높아진다는 사실이다. 사랑방 늙은이보다는 셋방 젊은이처럼 내일을 꿈꾸며 밝고 건강하게 살다가 가려고 산을 찾는다.

매주 토요일에만 가도 1년에 52회가 되고 일요일까지 가면 100회 넘게 등산할 수 있기에 늘 주말이 기다려진다. 그래서 같이 등산하는 사람에게 묻는 말이 있다. "이 산의 주인이 행복할까요? 아니면 우리처럼 이 산을 즐겨 찾는 사람들이 더 행복할까요?" 산의 소유자는 주인이지만 주인공은 내가 되는 셈이다.

건강은 건강할 때 지키라고 했다. 먹고 싶은 거 다 먹고 정상적인 신체를 유지하려면 그에 상응한 에너지를 소비해야 마땅하고, 쓰고 싶은 거 다 쓰면서 살려면 돈을 많이 벌어야 한다.

그러나 의사들은 적게 먹고 많이 운동하는 것이 건강관리의 기본이라고 강조한다. 많이 먹는 사람이 운동을 게을리하면 비만이 되고, 비만은 고혈압과 당뇨병 등 각종 질환을 유발한다.

건강관리는 경제관리보다 더 엄격함을 요구하는 셈이다. 경제적 측면에서는 수입이 적은 사람은 지출도 줄여야 하지만 신체적 측면에선 소식다동(小食多動), 즉 적게 먹고 많이 움직여야 건강이 제대로 관리되기 때문이다. 사회적 측면에서의 소식다등이란 본인의 욕심은 줄이고 남을 위한 배려는 왕성하게 하라는 메시지로 이해할 수 있을 것이다.

맛있는 음식을 앞에 두고 미련은 많지만 수저를 그만 내려놓아야 소식관리가 된다. 그런데 아직도 욕심이 많아 먹는 걸 절제하지 못해 뱃살관리가 녹록지 않다. 그래서 미련하게도 헬스장에 가서 슈퍼벨트라는 진동식 마사지 장비에 복부를 대고 뱃살을 빼려 구걸하고 있다. 그러니까 알면서도 잘못된 행동을 해 놓고는 기계에 의존해서 문제를 해결하려 한다는 얘기다. 학창 시절에 노는 게 좋아 공부를 게을리하다가는 사회에 나와서 후회할 거라는 경고성 발언을 대학생들 앞에서는 강조하면서 진작 본인의 몸 관리에서는 선행조건인 식탐 조절도 제대로 못 하고 있다.

마치 의사가 환자에게는 담배를 끊으라고 강조하면서 정작 본인은 복도 끝 계단 한구석에서 먼 하늘을 바라보며 하염없이 연기를 내뿜는 그런 모습과 같다고나 할까.

'장기적으로 보면 우리는 모두 죽는다'고 케인스는 말했다. 육십이 가까워지면서 신체의 이곳저곳에서 경고성 신호가 자주 온다. 긴 세월 감가상각이 누적되니 기계를 정비하면서 아껴 쓰라는 권고다.

습관은 제2의 천성이라고 한다. 그래서 나쁜 습관을 고친다는 게 그리 쉽지 않다. 뭐든지 작심하고 실천이 따를 때 개선될 수 있다.

운전을 하려면 자동차보험에 가입해야 한다. 그래야 만일의 사태에 대비할 수 있다. 즉, 필수적인 생활 원가로 받아들여야 한다. 등산과 헬스는 자동차보험과 같은 건강관리의 필수적인 원가이지만 더 근본이 되는 건 식탐관리인 것 같다. 그러므로 욕심은 버리고 보험을 들어야 한다. 그래야만 최선의 관리가 된다.

신체적 관리만 그런 게 아니라 정신적 관리도 이와 마찬가지다. 일단 욕심부터 버려야 한다. 모든 하천의 물이 흘러흘러 바다로 모이는 이유는 가장 낮은 자리에 위치하고 있기 때문이다. 바다와 같이 나를 낮추면 주위의 많은 사람들이 찾아든다. 욕심을 줄이면 행복은 늘어난다. 식욕이든 소유욕이든 명예욕이든 멀리하면 멀리할수록 그만큼 몸과 마음은 편안해지고 행복을 느낄 수 있다. 내가 욕심을 버리면 본인뿐만 아니라 여러 사람들이 그 혜택을 누릴 수 있다. 식사량을 줄이면 비만의 걱정에서 탈출할 수 있으며 아낀 음식으로 아프리카의 식량난민도 도울 수 있다.

내가 조금 더 양보하면 주변 사람들이 그만큼 더 즐겁다. 결국은 몸무게와 욕심은 줄이고 운동과 사회봉사 활동을 늘리면 정신적 신체적으로 삶의 종합보험에 가입한 균형 있는 모습이 될 것이다. 심신이 균형을 이루면 행복도 뒤따른다. 슈퍼벨트 인간으로부터 해방될 수 있다.

세상에 영원한 건 없는 것 같다. 사람도 때가 되면 죽고 기계도 오래되면 못 쓰고 기업도 새로운 환경에 적응하지 못하면 문을 닫게 되어 있다. 단지 중간 중간 관리하고 점검하고 혁신하면서 제명대로 살아남을 수 있도록 최선의 노력을 다할 뿐이다. 사람의 건강도 소식과 운동하는 습관을 통해서 죽는 날까지 편안하게 살기 위해 관리해야 하며, 기계도 기름을 치고 정비하면서 사용연한을 최대한 연장함으로써 수익성을 제고해야 한다.

또한, 기업도 지속적인 내부 혁신과 급변하는 시장 환경에 선도적으로 적응하려는 노력을 통해서 수명을 연장해야 한다. 세상만사가 똑같은 것 같다. 사람의 신체든 생산설비든 기업조직이든 함부로 남용하고 사전 정비를 게을리하면 명을 다하지 못하고 마감하게 된다. 몸에 안 좋은 건 자꾸 하고 싶고 몸에 좋은 건 멀리하다 보니 망가지고 보수하는 데 돈과 시간이 들고 조물주가 주신 명을 다하지 못하는 것이다. 자연의 이치대로 따르면 모든 건 선순환 된다. 이걸 무시하고 사니까 고장이 나고 고통이 따른다.

세상에 공짜는 없다. 노력하지 않고 이루는 건 없다. 내가 한 만큼 결과가 온다. 남에게 의존하지 않고 스스로 관리할 때 좋은 결과를 기대할 수 있다. 내가 덜 먹고 덜 갖고 덜 쓰면 만사형통이 될 수 있다. 가족에게 수목장을 해달라고 하는 이유도 여러 가지 목적이 있어서이다. 아름다운 강산의 경관을 해치며 죽어서도 불필요하게 땅을 차지하지 않으려 하며, 죽은 다음에 후손들이 묘지관리에 신경 쓰지 않도록 한 줌의 재가 되어 자연속으로 사라지려 하는 것이다.

평소에 운동을 열심히 하려는 것은 '구구팔팔이삼사'처럼 죽는 날까지 건강하게 살다가 이삼일 만에 깨끗하게 가려고 하기 위함이다. 먹는 것도 습관이요, 걱정이 많은 것도 습관이요, 현실을 긍정적으로 바라보는 것도 습관이요, 남을 배려하는 것도 습관이요, 행복도 습관에서 나온다. 모든 게 자기 하기 나름이다. 자기가 어떻게 생각하느냐에 따라 그 모습이 달라진다. 계속 슈퍼벨트에 의존할 것인가, 아니면 원천적으로 식사량을 줄여 스스로의 힘으로 관리할 것인가는 본인의 의지와 실천에 달려 있다.

내가 즐거워야 남을 즐겁게 할 수 있다. 내가 즐겁기 위해서는 신체적으로, 정신적으로, 사회적으로 건강해야만 한다.

인생의 석양

그렇다
돌아갈 수 없는 그때
젊음!
돌아가지지 않는 내 모습에 연민의 정을 느낀다

그러나
삶의 길이를 늘이는 것보다
품격을 유지하는 노년이 되고 싶다
점으로 살아온 젊은 시절보다
면으로 살아가는 인생의 오후를 그린다
소유에 머물렀던 과거보다
자유롭게 이동하는 미래를 꿈꾼다

그래도
할 일이 많다는 건 축복이요
갈 곳이 있다는 것에 감사하다
창문 밖으로 바다를 바라볼 수 있는 곳에서
석양을 맞이하고 싶다

지금도
내 마음속엔 파도가 일고 있으니
인생의 보충수업이 필요하다

하얀 마음을 기다리며

따스한 봄바람을 기대했던 3월 하순에
무슨 미련이 남았는지 겨울은 다시 찾아왔다
오늘같이 좋은 날, 야속하게도

눈발은 세찬 바람에 못 이겨 마구 흩날리고
교회당 밖에선 하얀 드레스가 추위에 떨고 있다
한 장의 추억을 담기 위해
사진사의 연출에 모두가 표정을 고추 잡는다
몇 번의 시련 끝에 역사는 만들어진다
지방에서 온 관광버스는 길모퉁이에서
하염없이 그 현장을 바라보고 있다

신랑 신부도 기다렸다
부모님도 기다렸다
하객도 기다렸다
사진사도 기다렸다
버스기사도 기다렸다

목사님은 말했다
인생은 기다림이라고

방석 팔자

누군가를 만나려고
오늘도 기다리고 있다

언제나 수줍은 모습으로
식탁 밑에서 숨어 산다

넷이 포개 있다가
일할 때만 흩어진다

내팽개치는 놈도 만나고
깔아뭉개는 놈도 만나고
담뱃불로 지지는 놈도 만난다

식당 주인은 누구라도 환영한다
다다익선(多多益善)이니까
우아하게 쉬고 싶지만
팔자 도망은 못 한다
좋은 임자 만나는 게 유일한 소망이다

세상은 관심이 만든다

젓가락질!
어린 시절 되게 힘들었다
반찬에 숟가락질하면 밥그릇 빼앗겼다
하나로 된 수저는 없을까?

주말의 고속도로!
생각만 해도 진절머리 난다
그래도 가야 될 때가 있다
잠깐 떠다니는 자동차는 없을까?

물음표(?)는 관심이다
관심이 세상을 바꾼다
상상의 나래 끝에
포크 수저, 비행 자동차도 나왔다

관심은 사랑의 빨대다
자신의 운명도 바꾸고
남의 목숨도 구한다

꽃봉오리 피어

꽃샘잎샘에도 아랑곳없이
초등학교 2학년 철부지들은
축구공과 씨름하고 있다

앵두나무 가지엔 쌀 한 톨만 한 꽃봉이 나와 있고
백목련 가지 끝엔 엄지만 한 하얀 얼굴 내밀었다
꽃사과나무엔 쪼글쪼글한 열매가
겨울을 이기고 자랑스럽게 매달려 있다

운동장 한 곁 화단 벤치에서는
한 엄마가 아들에게 조용조용 이야기하고 있다

철부지 꽃봉들은 개성껏 자라서
해마다 새롭게 피어나는 목련꽃도 되고
해가 바뀌어도 끈질기게 매달려 있는 꼬마 사과도 된다

3부
인생의 봄에도 바람은 불지만
벚나무 나이테는 인생의 두께고
바람은 나뭇가지 단나 음악이 되는데
무얼 그리 감추려 하나

나 그대로 살리라

목련은 화려한 얼굴들을 땅바닥에 마구 떨구고
개나리와 진달래는 이란성쌍생아처럼 얼러붙어
촉촉한 봄비를 엄마 젖으로 먹고 있다
단풍나무는 먼발치에서 아직 때가 아니라고
개나래(개달래)를 그저 물끄러미 내려다보고
벚꽃은 화사한 자태를 하루라도 더 뽐내고 싶었으나
비바람에 그만 욕망을 접고 말았다

칠순의 여배우는 시들어가는 꽃잎을 피하려다
얽어버린 얼굴을 드러낸 채
어른들의 소풍을 나왔으나
식당 안에서 참새처럼 재잘대고만 있다
맨얼굴의 오십 중반 후배 여가수는
선배님 얼굴만 바라보며 시름에 잠겨 있다

비바람 만나서 꽃잎 일찍 떨군다고 누가 뭐라나
목련처럼 개나래(개달래)처럼 내년을 다시 기약할 순
없어도 세월의 처방대로 생긴 대로 살다 가련다

네 곁으로

서른 해 같이하며
애간장 녹였지만
돌부리를 만나서
시냇물은 노래했네

어느새 너의 마음
내 가슴에 스며들고
사랑보다 깊은 정
두 눈에 담겨 있네

아~!아~! 내 가슴은
언제나 끓고 있다
사랑보다 깊은 정
네 곁으로 간다

서른 해 같이하며
애간장 녹였지만
나뭇가지 만나서

봄바람은 노래했네

어느새 너의 얼굴
나의 거울이 되고
사랑보다 깊은 정
두 눈에 담겨 있네

아~!아~! 내 가슴은
언제나 끓고 있다
사랑보다 깊은 정
네 곁으로 간다

바람 불던 날

한 여자의 모자가 벌판에 날렸다
세찬 바람이 벗겨 버렸다
얼른 주워 다시 썼지만
치부는 이미 드러났다

어젯밤 비바람에
모진 시련 다 겪은 벚나무는
앙상한 얼굴로 초연히 바라보고 있다

인생의 봄에도 바람은 불지만
벚나무 나이테는 인생의 두께고
바람은 나뭇가지 만나 음악이 되는데
무얼 그리 감추려 하나

육십 앞에서

인생의 오후에
배낭을 정리하며

떨어진 시력에는
세상을 보는 눈을

얇아진 가슴에는
사랑 깊은 마음을

가늘어진 다리에는
오래 걷는 지구력을

이렇게 교체하여
다시 산에 오른다

욕망의 그늘 아래서

벌써 15년도 지난 이야기다.

내가 아는 선배님의 친구분은 자랑거리가 하나 있었다. 그것은 다름 아닌 부동산 임대수입이었다. 안양에도 대전에도 제법 큰 빌딩을 갖고 있어 많은 세입자들로부터 월세를 거두는 일이 친구분에겐 일상의 업무이자 초미의 관심사였다. 주변에 친구가 없어 늘 혼자 보내다가 우연히 선배님을 알게 된 후 시도 때도 없이 별일 없으면 선배님 사무실로 놀러왔다고 한다.

언젠가 점심시간에 조우하게 되어 길 건너 식당에서 함께 밥을 먹게 되었다. 그분께서 된장찌개나 먹자고 해서 그러기로 했다. 이런 저런 얘기를 나누다 주문한 밥이 나와 수저를 들었다. 몇 숟가락 떴을 때 친구분은 "아차! 소주를 한잔할 걸 잘못했네" 하면서 간단하게 몇 잔 하자고 소주를 시켰다. 안주는 기본 반찬으로 대신했고 술이 약한 선배님은 두세 잔 들다 말았지만 친구분과 나는 두 병을 뚝딱 해치웠다.

점심을 마치고 선배님 사무실로 돌아와 커피를 한 잔 마신 후 친구분은 손님이 올 시간이라며 먼저 자리를 떠야겠다고 하기에 나는 "다음엔 제가 대접하겠습니다. 점심 잘 먹었습니다"라고 깍듯하게 인사드렸다.

친구분이 가고 난 후 선배님은 "저 친구는 안주 값을 아끼려고 늘 오늘처럼 식사 주문 후 밥이 나오고 나면 술을 시키는 사람이야"라고 빙그레 웃으며 말했다. 그러면서 점심 대접이 부실해서 미안하다고 했다. 그 친구분은 수백억 부자인데도 길을 가다가 돌 하나를 봐도 그냥 지나침이 없이 차를 세우고 싣고 오는 사람이며, 골프도 연습장에만 다니지 필드에는 잘 나가지 않을 정도로 돈에 대한 애착이 강하고 짠물이 몸에 배었다며 선배님은 흉 보따리를 풀었다. 잠시 후 나도 사무실에서 연락이 와서 조만간에 한 번 모시겠다고 인사드리며 헤어졌다. 그리고 일주일쯤 지나서 퇴근길에 선배님께 전화를 드려 친구분도 같이 나오시라고 해서 그날 저녁 셋이 다시 회동하게 되었다. 차를 한 잔 마신 후 선배님 사무실 부근의 횟집으로 들어갔다. 우리가 첫 손님이었다.

식당 아주머니가 물과 메뉴판을 갖고 오자 친구분이 간단한 걸로 시키자고 하기에 나는 "오늘은 제가 사는 거니까 제가 고르겠습니다" 하며 주방장을 불러 오늘 제일 씽씽한 걸로 달라고 주문했다. 친구분께서는 깜짝 놀란 얼굴로 아니라고 손사래를 치며 그냥 보통으로 시키자고 만류했으나 내가 워낙 강하게 나가는 바람에 스르르 말꼬리를 내렸다.

소주잔이 오가는 사이에 선배님과 친구분은 아주 맛있다며 고마움을 표했다. 셋이 네 병을 마시고 나니 친구분은 너무 과하게 대접을 받았다며 자기가 맥주 한 잔 사겠다고 선배님한테 앞장서라고 하면서 1차가 끝났다. 2차는 그 횟집에서 그리 멀지 않은 곳에 있는 맥주와 양주를 파는 술집이었다. 한층 기분이 좋아진 친구분은 마담을 불러 맥주 좀 실컷 마시게 푸짐하게 달라고 주문했다. 두 시간쯤 먹다 보니 맥주병이 꽤 쌓였고 다들 술도 많이 취해 화장실 드나드는 횟수가 늘어나니깐 술이 약한 선배님이 오늘은 그만 하자고 제안하는 바람에 술자리를 끝내고 즐거웠다고 인사를 나누며 헤어졌다. 재미있는 얘기는 며칠 후 듣게 되었다.

저녁에 별 약속도 없고 술도 한잔 생각이 나서 선배님께 들렀더니 선배님은 나를 보자마자 지난번엔 너무 과하게 샀다며 오늘은 자기가 살 테니 내가 사는 과천으로 가서 집에 차를 놓고 편안하게 한잔하는 게 어떠냐고 하기에 "배려해 주셔서 고맙습니다"라고 동의했다.

우리 집 주차장에 차를 세운 후 선배님이 좋은 식당으로 안내하라고 했지만 나는 일부러 선술집으로 들어가면서 음식 맛이 괜찮은 집이라고 얼버무렸다. 매운탕에 소주 한잔을 하면서 선배님은 지난번 셋이 술을 마셨던 일을 꺼냈다. 사실은 그날 2차로 맥주를 마시러 갔을 때 친구분께서는 지갑을 안 가져왔다며 선배님한테 지불을 부탁하고 나중에 갚겠다고 약속했다고 한다. 친구분은 다음 날 아침 11시쯤 돈을 주려고 찾아와서 술값을 물어보고는 깜짝 놀랐다고 했다. 선배님에게 "왜 이렇게 술값이 많이 나왔냐? 몇 병이나 마셨냐?"를 연발하면서 카드 결제금액을 몇 번이나 뚫어지게 확인했다는 것이다. 그래서 선배님은 기분이 언짢아 그냥 두라고 했건만 친구분은 1천 원짜리까지 맞춰 찜찜한 표정으로 돈을 주면서 다음부터는 그 집엔 가지 말자고 했단다.

그 말을 듣고 있던 나는 배꼽을 빼고 웃으면서 "이제 친구분 술 끊는 거 아닌가요?"라고 물었다. 그 말에 선배님도 껄껄거리며 "그럴 수도 있지"라고 말했다. 그 후에도 친구분과 몇 번 회동을 했지만 점심 이외에는 술을 마신 적이 없었다.

그리고 1년쯤 지나 친구분의 딸 결혼식 소식을 듣고 강남에 있는 어느 호텔 예식장을 선배님과 함께 가면서 사위가 의사라는 소식을 듣게 되었다. 사위에게 병원을 차려주기로 약속한 결혼이었단다. 얼마 후 선배님한테 들은 얘기로는 친구분이 당뇨가 심해져 허리에 당뇨측정기를 차고 와서는 사위가 해준 거라고 자랑을 늘어놓고 가셨단다.

어느 교수가 말했다. '사회 속에서 살아남으려면 본인이 적자를 보고 상대방이 이득을 볼 수 있도록 배려해야 된다'고.

내가 여기까지 살아올 수 있었던 건 주변의 많은 사람들이 도와줬기 때문이다. 나이가 들어가면서 더더욱 느끼는 건 시간을 내서 나와 함께 놀아주는 사람에게도 고마워할 줄 알아야 외롭지 않게 된다는 것이다.

약속시간을 지키는 것도 상대방의 소중한 자산을 지켜주는 것이며 밥값을 먼저 내는 것도 상대방을 다시 만나고 싶은 사람으로 만드는 태도이다. 서로 으르렁거리며 살아봤자 남는 건 외로움뿐이리라. 혼자 잘난 체하고 거들먹거리면 친구 다 떨어져 나간다. 후회란 지난 다음에 돌이켜봄이다.

프랑스의 사상가 볼테르는 '세상에서 가장 길고도 짧은 게 시간'이라고 했다. 만약 인간이 세월을 거스를 수 있다면 추억의 아름다움이란 존재하지 않을 것이다. 이렇게 소중한 시간을 사람들은 아무 생각 없이 낭비하고 있다. 안타까운 일이다. 시간이란 자산은 한 번 지나면 없어진다.

인간은 태어나서 죽을 때까지 놀다 가는 것이라고 했다. 주어진 세월을 어떻게 노느냐가 문제다. 외롭게 노느냐, 신 나게 노느냐, 보람차게 노느냐, 함께 노느냐, 남을 도와주며 노느냐, 모든 건 마음먹기 달렸다. 나만의 욕망을 추구한다면 주위에는 아무도 없을 것이고, 자신의 욕망을 줄이고 남에게 배려를 먼저 한다면, 아름다운 사건들이 가까운 곳에서 늘 기다리고 있을 것이다.

그리스의 어느 교수 말대로 돈이 많으면 무조건 행복할 것 같아도 더 많은 돈이 길라잡이가 되어 행복의 나라로 안내하는 것은 아니라는 생각이 든다. 좀 더 활동적으로 바쁘게 살면서 여러 사람들과 재미나게 어울리며 현재라는 시간의 소중함을 깨닫고 무엇이 진정한 행복인지 아는 것이 지혜로운 삶일 것이다. 궁극적으로 가족이든 친구든 어느 누구든 재미있는 만남으로 승화시켜 인간관계를 강화하는 게 삶의 과정에서 매우 중요하다.

멀리 가고 싶으면 같이 가는 게 지혜로운 방법이라고 수없이 들으며 살면서도 일상 속에서 실천으로 옮기지 못하는 게 늘 아쉬울 뿐이다. 욕망으로 가득 찬 명품 가방으로 무장할 것이 아니라 늘 자신은 행복하다고 느끼며 살아가는 명품 의식이 필요하다. 우리의 주변을 조금만 더 긍정적으로 바라보며 살면 신나는 일, 행복한 일, 보람된 일이 무수히 깔려 있다.

그냥 지나쳐버릴 인연을 소중하게 여기다 보면 사랑도 싹이 트고 신뢰도 쌓이며 삶의 면적 또한 넓어진다. 욕망의 그늘에서 한 발짝 벗어나 보자. 지나고 보면 욕망은 다 쓸데없는 생각이라고, 다 소용없는 일이었다고 깨닫게 된다.

얼마 전 신문에 보도된 재벌 형제간의 재산 싸움은 그들이 진정한 부자가 아니라는 걸 시사해 주고 있다. 그들의 백분지 일만 소유해도 우리는 만족하는데 왜 그렇게 더 갖지 못해 아우성인가.

"청계산의 소유자가 부자일까요 청계산을 매주 올라가는 사람이 부자일까요? 청계산의 소유자는 죽을 때 청계산을 갖고 갈까요 놓고 갈까요?"

욕망의 그늘 아래서 진정한 햇볕을 못 보는 사람들아!

누가 정말 불쌍한 인생인지 생각이나 해보았는가?

나이 칠십이 넘어서도 뇌물을 좋아하는 사람들아!

그거 언제 쓰고 갈 텐가?

하루에 열두 끼 먹는다고 더 오래 건강하게 사는 거 아니잖은가.

긍정, 웃음, 배려, 나눔 같은 양식으로 뜨거운 가슴을 꽉 채워야 진짜 부자가 되는 거란다. 무얼 그리 집착하며 사는가. 무겁고 쓰레기 같은 욕망을 버리면 인생의 배낭에는 가볍고 상쾌한 행복이 채워지게 마련이고 몸과 마음은 날아갈 듯 여유로워진다네.

어느 후배가 보내준 2008년 8월 14일 동아일보에 게재되었다는 '어느 95세 어른의 수기'를 다시 읽어보며 삶에 대한 내 생각을 다듬으려 한다.

지나간 삶에 대한 후회의 글이었다. 젊었을 때 정말 열심히 일했고 실력도 인정받고 존경도 받은 덕에 65세 때 당당하게 은퇴를 할 수 있었다. 그런데 30년 후 95세 생일 때 많은 후회의 눈물을 흘렸다. 65년의 생애는 자랑스럽고 떳떳했지만 이후 30년의 삶은 부끄럽고 후회되고 비통한 삶이었다.

왜냐하면 퇴직 후 인생은 덤이라는 생각으로 그저 고통 없이 죽기만을 기다리며 덧없고 희망 없는 삶을 무려 30년이나 살았기 때문이었다. 만일 퇴직할 때 앞으로 30년을 더 살 수 있다고 생각했다면 스스로가 늙었다고, 뭔가를 시작하기엔 늦었다고 생각하지는 않았을 것이다. 이것이 큰 잘못이었다. 지금 95세이지만 그간 하고 싶었던 어학공부를 시작하려는 이유는 10년 후에 맞이하게 될 105번째 생일날 95세 때 왜 시작하지 않았는지 후회하지 않기 위해서….

예순아홉

"토순아! 여기 온 지 한 달 됐지?"
단골손님이 계속 말을 걸지만
듣고만 있다
기다리는 친구가 오지 않아
토끼랑 논다

밥을 짓고 빨래하며
혼자 사는 예순아홉의 주인은
누가 오든 모두 반긴다

토끼는 철장에서,
주인은 옥탑에서
친구처럼 살며
친구를 기다린다

주인은 친구 따라 나가고
토끼가 손님을 맞이한다

넘어야 할 산

평생 잊지 못할, 그리고 지금도 기억이 생생한 사건!

그것은 큰아이가 젖먹이 시절에 일어났던 사고였다. 30년쯤 전 여름날 그때 애 엄마는 부엌에서 빨래를 하고 있었고 나는 안방에서 문을 열어놓은 채 한 주 동안 쌓였던 피로를 씻어내려고 낮잠을 채우고 있었는데, 옆에서 같이 잠자던 딸 녀석이 마룻바닥으로 기어나가 수돗물 소리가 들려오는 엄마 쪽으로 가다가 문턱에서 그만 지하 1층의 연탄광으로 떨어진 것이다.

비명소리에 놀라 벌떡 일어나 가보니 딸 녀석이 고양이처럼 바닥에 웅크린 자세로 엎드려 울부짖고 있었다. 집사람은 어찌할 바를 모르며 당황하다가 얼른 애를 품에 안았고 나는 찬찬히 얼굴부터 들여다보며 몸 전체를 하나하나 살펴봤으나 울기만 했지 아무 이상이 없음을 확인한 후 가슴을 쓸어내렸다.

우리에겐 그야말로 한 가정을 이룬 후 가장 큰 고비를 넘긴 사건이었다.

누구나 결혼해서 아이를 낳고 키우면서 정말 조그만 사고도 없이 성장하길 바라는 마음이지만 언제 어디서 무슨 일이 생길지는 아무도 장담할 수 없는 게 우리네 삶이다. 백일과 돌잔치를 통해 건강하게 살아남은 걸 축하하고 유치원에 보내면서 예비 학부형으로서의 뿌듯함도 맛본다. 초등학교부터 16년간 공부하는 동안에도 건강한 모습으로 개근하기를 소망하며 주기적으로 가져오는 성적표에 일희일비하며 살아간다. 명문대학에 입학하기 위해 가족 모두가 살얼음판 생활 속에서 한바탕 전쟁을 치르고 대학 졸업을 앞두고는 취업 전선에 매일매일 가슴을 조아린다. 그러나 이것이 끝이 아닌 또 다른 시작이 되어 어렵사리 들어간 직장에서 때려치운다는 소리 없이 상하 좌우와 잘 어울리며 때가 되면 척척 승진하길 바랄 뿐이다.

1년에 한두 번쯤 과천에서 옛골까지 4시간 반 동안 청계산을 완주하면서 왜 그리도 크고 작은 봉우리가 많은지 가도 가도 끝이 없어 보여 그야말로 산 넘어 산이라는 생각에 자꾸만 중간에 내려오고 싶은 심정과 이왕 나섰으니 끝까지 가야 된다는 마음으로 갈등하는 게 우리가 살아가는 모습이다.

몇 년간의 직장생활 후에는 빨리 좋은 배필 찾아 독립하라고 자식의 등을 떠밀며 부모로서의 숙제를 마치려 한다. 이렇게 해서 자식이 결혼하게 되면 이제 부모가 살았던 길을 따라 걷게 된다. 이처럼 인간은 태어나서 참으로 많은 우여곡절의 과정을 거치며 희로애락을 맛보고 살아간다.

시대는 바뀌어 부모의 역할은 자식들의 또 다른 주문에 끝없이 부응해야 한다. 손자 손녀를 키워주고 반찬을 실어 나르며 유모차와 수많은 장난감을 지속적으로 공급하는 역할을 사랑이라는 미명하에 수도승처럼 계속 수행해야 좋은 부모로서 자리매김하게 된다는 것이다. A/S의 기간도 늘어나고 A/S의 대상품

목도 많아진 세상에서 부모는 자신을 위한 인생과 자식을 위한 인생을 놓고 많은 갈등 속에 살아가고 있는 게 요즘의 현실이다.

이러한 갈등도 결혼한 자식이 집에 찾아오는 순간 녹아버리기 때문에 부모로서의 멍에를 짊어지고 평생을 살아간다. 가끔 TV에서 가족이라는 운명 아래 정말 어려운 환경 속에서도 결코 좌절하지 않고 허리가 휘도록 악착같이 살아가는 모습을 보면서 피로 맺어진 사랑은 누구도 어쩔 수 없다는 걸 동감한다.

사람마다 운명이란 게 있다고 느끼기 시작한 건 오십 줄에 들면서 자연스레 알게 되었다. 본인의 의지와 주변의 수많은 사랑이 섞여 만들어지는 것이 나의 운명이라고 말하고 싶다. 누구에게나 시련과 고통은 뒤따른다.

평생 동안 넘어야 할 산은 너무나 많다. 좌절이 없었다는 것은 새로운 목표에 도전하지 않았다고 해석할 수 있다. 그리고 새로운 목표가 없다는 말은 현실에 안주하고 있다는 뜻이다. 본인의 의지로 꿈을 갖고 노력할 때 주변의 도움도 뒤따른다. 인생이라는 산은 본인의 의지와 발로 오를 수 있다. 뭐든지 그냥 되는 건 없다. 세상만사는 기다린다고 저절로 이루어지지 않는다. 생로병사의 마라톤 구간을 완주하기 위해서는 적절한 스피드와 끈질긴 지구력이 요구되며 조화를 이루어야 한다. 마라톤도 함께 더불어 뛸 때 서로에게 힘이 된다.

일본의 살아있는 경영의 신이라고 불리는 이나모리 가즈오는 '인생이란 시련의 연속이며 우여곡절도 많고 어떤 일이 일어날지 알 수가 없다. 주위 사람들 모두가 부러워할 만한 행운을 만날 때도 있고 예상치 못한 실패나 시련을 겪기도 한다. 그러나 분명한 것은 인생의 명암을 가르는 것은 행운이나 불운에 달려 있지 않다는 것이다. 어렵고 힘들다고 희망을 잃어서는 안 된다. 또 성공한 때일수록 감사하는 마음과 겸허한 마음을 잊어서도 안 된다. 항상 적극적이고 긍정적인 마음으로 자신이 할 수 있는 일부터 전력을 다해야 한다. 인간은 마음만 먹으면 언제라도 다시 일어설 수 있다'고 말했다.

그렇다. 어느 과정에서 실패했다고 포기하면 모든 걸 잃게 되고 편안할 때 위기를 생각하지 않으면 미래를 보장할 수 없다. 위기가 기회고 실패는 성공의 어머니다. 세상일이란 상전벽해(桑田碧海)와 같이 덧없이 바뀐다.

사람 인(人)이라는 글자가 두 획인 이유는 더불어 살면서 인연을 맺고 점에서 면으로 인간관계의 폭을 넓히라는 뜻이다. 인연은 우리의 곁을 수없이 많이 파고들지만 대부분의 사람들은 그냥 지나치고 중요성을 모르며 살아간다.

주말마다 같은 산을 반복해서 오르건만 완전히 정복했다고 생각하지는 않는다. 왜냐하면 갈 때마다 새로운 기분이기 때문이다. 40년 넘게 사귄 친구지만 자주 만나도 늘 새롭고 평생을 만나도 내가 그를 정복했다고 말할 순 없다고 생각한다.

정말 바쁘게 살아왔다고 생각했는데 어느 순간 뒤를 돌아보니 해놓은 게 아무것도 없다고 느끼는 건 죽을 때까지 늘 할 일이 남아 있다는 증표이다. 일본의 경영학자인 오마에 겐이치는 직장인의 네 가지 모습의 삶을 직장인, 사회인, 가정인, 개인으로 구분했다. 그러나 대부분의 사람들은 직장인으로서의 삶이 전부라고 생각하며 살았기에 직장을 떠날 때 허탈감을 느끼는 것이다.

베토벤은 교향곡에서 자신의 음악성은 물론 내면까지 담아내고자 했으며 그야말로 인생의 축소판이라는 의미를 갖고자 했다고 한다. 교세라의 이나모리 명예회장은 인생 방정식을 고안했다. '인생과 일의 결과 = 사고방식(-100에서 +100까지) × 열의(0에서 100까지) × 능력(0에서 100까지)'이므로 사고방식이 제일 중요하다고 강조했다. 그렇다 제로는 죽은 거다. 아무런 변화도 없는 것이고 목표도, 꿈도, 발전도, 기쁨도 없다는 뜻이다. 그러므로 의미 없는 삶이요, 멋이 없는 삶이요, 매력 없는 삶이다.

우리가 늘 그 자리에 있는 산을 자꾸 반복해서 오르는 이유는 찾을 때마다 새로운 생각이 떠오르고 세상을 다시 보게 되어 정신적 신체적으로 변화하는 나 자신을 발견할 수 있기 때문이다. 컬럼비아 대학의 경영학과 교수이자 선택심리학자인 쉬나는 '사람은 B(Born)에서 시작해 D(Dead)로 끝나고 그 사이엔 C(Choice)가 있을 뿐'이라고 했다.

우리네 삶이란 결국은 선택의 연속이다. '오늘 점심은 무얼 먹을까'부터 '어느 곳으로 이사를 해야 할까'까지 하루에도 수십 번씩 고민하며 선택을 해야 하고 이러한 과정은 죽을 때까지 이어진다. 인생에 고난이 없다면 얼마나 무료할까. 고난이 있기에 이를 극복한 후의 기쁨이 더 의미 있고 크게 느껴진다.

공자는 사람다운 사람이 되고자 노력하는 과정 자체가 기쁨이라고 했다. 그러면 인생에 있어서 성공이란 무엇일까? 10미터가 넘는 퍼팅이 홀에 들어간 거? 1백억이 넘는 재산을 소유한 거? …?

나는 얼마 전까지 삶에 있어 성공이 무엇인지 잘 몰랐다. 그런데 그 해답을 얻었다. 세계은행 총재가 된 김용 교수의 다음과 같은 말을 듣고서였다. 그 하나는 마지막 숨을 내쉴 때까지 세상을 위해 무엇인가 하려고 노력하는 것이고 또 하나는 좋은 남편, 좋은 아버지, 좋은 친구가 되는 것인데 후자가 훨씬 더 어렵다고 했다.

늦었지만 지금부터라도 김용 교수의 말대로 남은 여생을 산다면 성공할 수 있다는 생각에 머리가 맑아진다. 그래서 세상은 혼자 사는 게 아니라고들 하는구나. 이 세상의 모든 지혜는 관심과 사랑에서 생겨난다는 말에 전적으로 동의한다. 나와 다른 생각의 상대방도 곁에 있어야 한다. 중이 제 머리 못 깎듯 인생의 고비를 만날 때마다 자기 일처럼 조언해 줄 사람이 필요함을 경험했고, 다른 사람이 고민할 땐 내가 조언자가 되며 살아갈 수 있다는 게 수많은 봉우리를 넘는 삶의 지혜라고 생각한다.

산 넘어 산이라고 부정적으로만 생각할 게 아니라 저 산을 넘으면 또 하나의 기쁨이 우리를 기다리고 있다고 생각해 보자. 어차피 넘을 거라면 즐겁게 바라보자!

존재란?

꽃이 핀다
사람이 태어난다
회사가 생긴다

꽃은 시든다
사람은 죽는다
회사는 사라진다

모두가 마찬가지
왔다가 가는 건
머무르는 시간과 모습만 다를 뿐

잊지 못할 추억

어스름한 달빛 아래
고요한 호숫가에서
사랑은 노래하네

늦은 밤
인적 드문 산책길에서
달님은 질투하네

몸부림스

이른 아침에 누군가와 커피를 같이한다는 건, 할 수 있다는 건, 하고 싶다는 건 행복한 현실이다.

현실 속 억압으로부터의 탈출이 진정한 자유라고 생각하지는 않는다. 가슴으로부터 우러나오는 하고 싶은 행동을 몸소 실천으로 옮기는 게 진정한 자유라고 생각한다. 자유인이란 자기가 존재하는 이유와 존재의 가치를 잘 알고 있으며 가슴이 요구하는 행동을 통해서 행복을 느끼며 살기에 성공한 사람이다.

그러니까 사회적으로 성공했다고 모두가 행복한 게 아니라 스스로 행복할 줄 아는 사람이 성공한 것이다.

어느 가정의 가장으로서, 어느 회사의 사장으로서, 어느 모임의 회장으로서, 존재의 이유와 가치를 알고 지혜롭게 행동하면서 자신과 구성원 모두가 행복한 모습으로 살아가기를 소망할 때 우리 모두는 한 번을 만나도 소중한 인연으로 생각하고 받아들이는 기쁨을 만끽할 수 있다.

또한, 나를 에워싼 사람들이 다양하고 많을수록 행복을 느낄 수 있는 기회도 비례해서 늘어난다고 생각한다. 사람은 어느 누구나 일상 속의 현실에서 벗어나기를 꿈꾼다. 새로운 변화를 갈망하고 시도하려는 마음은 누구에게나 다 있다. 어떤 모습과 행동이 진정으로 내가 원하는 삶인지 모두가 꿈을 꾼다.

니체는 말했다. '인생의 목적은 끊임없는 전진에 있다'고. 꿈을 꾸는 데는 나이의 제한이 있을 수 없다. 꿈이 있어야 살아있는 것이다. 꿈이 없다면 나이와 상관없이 이미 죽은 삶이다.

다윈은 '종의 기원'에서 살아남는 종은 가장 강한 종도 아니며, 가장 똑똑한 종도 아니라고 했다. 결국은 변화에 가장 잘 적응하는 종이 살아남는다고 주장했다. 온몸을 던져 추구할 가슴 뛰는 삶의 목표는 아니더라도 우리에겐 늘 잔잔한 움직임이 필요하다. 나이와 상관없이!

고등학교 2학년 때 크리스마스이브 파티를 위해서 인천에 사는 친구네 집에 모인 적이 있다. 기타를 치면서 노래도 부르고 춤을 추며 흥겹게 놀면서 "야, 우리가 무슨 밴드 같지 않니?"라고 하면서 "이름이 있으면 좋겠는데 밴드 이름을 뭐라고 할까?"라며 얘기를 나누었을 때 , 내가 즉흥적으로 '몸부림스'가 어떠냐고 제안했더니 친구들 모두가 "야! 그거 좋다"며 모두가 함께 박장대소했던 추억이 40년이 지난 지금도 머릿속에 또렷하게 남아 있다.

지금 생각해 보니 젊음은 우리의 것이고, 우리는 젊으니까 몸부림치며 놀고 즐겨야 한다는 의미가 담겨 있었던 것 같다. 시간은 돈을 주고도 살 수 없기에 소중한 가치가 있으며 지금 이 순간순간을 정말 보람되고 재미있게 도전하며 살아야 후회라는 감정이 멀찌감치 떨어진 곳으로 물러설 수 있을 것이다.

'몸부림스'라는 젊음의 대명사가 40년도 더 지난 지금까지 기억되고 있다는 건 내 가슴의 뜀박질이 아직 멈추지 않았다는 증거다. 동녘 하늘에 힘차게 솟아오르는 젊음은 지나갔다고 해도 우리에겐 저녁놀이라는 기쁘게 맞이할 또 다른 의미의 시간이 기다리고 있지 않은가.

어린 시절엔 개울가의 징검다리를 조심조심 디뎠지만 이제는 어느덧 횡단보도를 조심스레 건너는 연령이 되었다.

하지만 니체의 주장대로 어느 누구에게도 꿈과 소망이 있으며 이를 스스로 포기하지 않겠다는 의지가 뚜렷할 때 인생의 오후는 새롭고 신 나는 도전의 대상으로 자리매김 되는 것이다. 늘 꿈을 꾸고 하루하루 변화를 추구하는 사람에게 나이는 그야말로 숫자에 불과하다.

어제저녁 TV에서 육십이 넘은 노인이 아코디언을 가르치는 걸 보면서 그분의 오늘이 있기까지를 머릿속으로 그려보았다. 젊은 시절 또는 직장에서 은퇴하신 후 새로운 도전을 시도하여 오랫동안 연습하면서 자기 것으로 만들고 기쁜 마음으로 봉사할 곳을 찾아 이 자리에 왔을 거라고 상상해 보니 행복한 삶을 스스로 만들었다고 생각하게 된다.

몇 년 전 우연한 기회에 첫 주례를 부탁받고 2주 전부터 인근 예식장을 찾아 현장 학습도 하고 인터넷으로 유명 인사들의 주례사를 공부한 적이 있다. 그러면서 느꼈던 것은 우리 주변에는 결혼을 앞둔 젊은이들이 주례를 못 구해 애를 먹는 경우가 많다는 사실을 체험하게 되어 앞으로 시간이 있을 때마다 주례를 서는 것도 작지만 훌륭한 사회봉사가 되겠다는 생각이 들었다.

새로운 것에 도전한다는 건 그저 생각만으로 되는 것이 아니다. 용기를 내어 실천으로 옮길 때 비로소 시작된다.

몇 개월 전, 사진을 배우고 싶다는 생각에 16주 과정의 교육을 신청하고 일주일에 한 번씩 학교에 갔다. 내가 생각했던 것보다 사진을 통해서 새로운 세상과 더 넓은 의미의 삶을 보게 되었다는 것이 큰 소득이었다. 사진반 수업을 들으며 새로운 친구들과 인연도 맺고 사물과 사회현상을 보는 시각이 이전과 달라진 모습을 느끼면서 뭔가를 배운다는 건 역시 흥분되고 기대되고 행복한 삶을 영위하는 데 꼭 필요하다는 생각을 하게 되었다. 이러한 경험은 자식들에게도 자신 있게 새로움에 늘 도전하라는 메시지를 전하는 계기가 되고 있다.

우리는 과거에 대한 집착과 미래에 대한 불안 대문에 자기 자신을 정리하며 살지 못하는 게 아닌가 싶다. 지금까지 살아온 방식만 고집하면 더 이상 변화는 있을 수 없고 새로운 도전에 대해서 용기를 갖지 못한다면 한 발짝도 앞으로 나아갈 수 없다. 과감하게 과거를 부수고 미래를 두드릴 때 젊음은 자연스레 유지되고 행복은 고즈넉하게 스며드는 것이다. 무엇이 그리 어색하고 무엇이 그리 창피한가. 내가 새로운 삶을 개척한다는데.

마음속 깊이 숨어 있는 무공해의 갈망을 용기 있게 밖으로 꺼내서 가슴이 원하는 대로 행동하라. 남의 시선과 나의 체면이 행복을 보장해 주지는 않는다. 늘 도전하는 사람을 오히려 주위 사람들이 부러워하고 따라 할 것이다. 목욕탕에 가면 누구나 다 발가벗듯이 꾸밈없이 본디의 욕망을 그대로 드러내 보자. 그것이 무엇이든!

육십이 넘어도 몸부림스는 존재하고 있다. 다만 대부분의 사람들이 억제하고 있을 뿐이다. 내 삶은 누가 대신 살아주지 않으며 무한한 시간이 기다리고 있는 것도 아니니 생각이 떠오르면 즉시 행동으로 옮기려는 태도가 중요하다.

60세면 환갑잔치를 하고 장수를 축복했던 시절은 이미 지났다. 이젠 80세쯤 되어야 제격에 어울리는 이벤트로 모두가 생각하고 있다.

수명은 점점 늘어나고 있지만 다시 돌아올 수 없는 현재라는 시간의 애절성 때문에 지금 하고 싶은 일에 최선을 다하려 몸부림쳐야 한다. 20대의 젊음을 동경만 하고 있을 것이 아니라 60대, 70대, 80대의 황혼을 아름답게 그리기 위해 지금 이 순간부터 정열을 불태우려 하는 것이다.

진정 살아있는 사람은 하루하루를 정말 행복하게 만들어가는 의무를 다해야 한다.

지금 이 순간을 즐겨야 '내일은 뭘 할까?'라는 즐거운 고민과 신 나는 계획도 꿈꿀 수 있다. 두 다리로 걷는 동안 늘 고민이 함께하겠지만 가슴속으로는 9회 말 투-아웃 상황에서도 역전타를 날릴 수 있다는 희망과 조화로운 삶을 영위하려는 가슴 벅찬 도전심이 살아있어야 한다. 친구들과 만나 술 한 잔을 할 때 각자 조용히 말없이 그저 마시기만 하다 헤어진다고 상상해 보자. 얼마나 재미없는 자리가 되겠는가. 이왕 시간 내서 만났으니 껄껄거리고 갑론을박하며 세상사는 얘기를 교환하고 서로 걱정해

주는 자리가 되어야 다음에 또 만나고 싶은 마음이 생길 것 아니겠는가.

이와 같이 우리가 살아가는 모습도 똑같이 비교되는 것이다. 어떤 모습을 택할 것인가는 각자의 몫이다.

인생은 끝나지 않는 시련이라지만 혹독한 추위 속에서도 봄날의 아름다운 꽃을 피우기 위해 참고 견디어 내는 자연의 섭리를 보면서 우리는 교훈을 얻을 수 있다.

쳇바퀴 인생의 잠든 상태에서 깨어나라! 늘 내 삶을 변화시킬 수 있는 방법을 생각하자.

깨진 모습에서

하얀 화분이 속살을 드러냈다
삼분지 일이 깨진 부분으로 감춰졌던 속내가 드러났다
화분 모양을 따라 실타래처럼 동그랗게
칭칭 휘감긴 잔뿌리를 처음 보았다
늘 화분 위로 솟은 나무기둥과 꽃잎만 챙겼지
화분 속이 어떻게 생겼는지 관심이 없었다
그 사람의 허우대와 얼굴 표정만 보고
속마음은 진정 모른 채 여태까지 살아왔다
화분처럼 깨져야 잉걸불은 볼 수 있을까?

빈병의 운명

소주병 삼십여 개가 4층 옥상에 가지런히 놓여 있다
모두가 하늘을 향해 입을 벌리고 있는데
몇 놈은 뚜껑이 닫혀 있다

어젯밤 억수 같은 비에
빈병엔 물이 가득 차 있었지만
뚜껑이 닫힌 병은 서글프게 비어 있다

입을 벌린 놈들만 목을 축였다
조물주도 입을 닫은 놈에겐 어쩔 수 없었나 보다

스스로 뚜껑을 열 수는 없다
누군가의 관심과 사랑이 필요하다
특히 인생의 목이 마를 땐 더 애절하다

어머니의 삶

주인이 뿌려주는 물만 먹고
화분의 생김새대로
실타래처럼
칭칭 휘감긴 잔뿌리

암흑 속에서 사투를 벌이며
나무기둥과 꽃잎만
세상 바깥으로 내놓았다

화분이 깨지면서
그 모습을 드러낸 잔뿌리는
우리의 어머니였다

새 아침을 여는 소리

새벽 2시 반. 오래간만에 밤 9시 전에 잠자리에 들었더니 중간에 깨지 않고 약 5시간 반의 숙면을 취한 뒤 기상했다.

옆에서 함께 자는 사람에게 방해가 될까 봐 쥐새끼처럼 숙소에서 빠져나와 사찰 옆을 말없이 흐르는 계곡으로 갔다. 흐르는 물은 어제 오후 도착했을 때와 똑같은 모습으로 밑으로 밑으로만 내려가고 있었다.

잠시 후 새벽 3시 반부터 설법을 시작할 법당의 문이 열리며 등이 밝혀졌다. 8월의 무더위가 기승을 부리는 가운데 양산 통도사 입구에 자리한 수많은 나무들은 마치 비 오는 날의 우산처럼 강렬한 태양으로부터 중생들이 더위를 먹지 않도록 지열을 낮추는 역할을 묵묵히 수행하고 있었다.

경부고속도로에서 내려와 이곳으로 들어섰을 때 갑자기 시원함을 느끼게 된 것은 말없이 흐르는 계곡의 물과 울창한 나무들 덕분이었다.

설법전에 불이 켜진 후 얼마 지나지 않아 이 세상에 살아 숨쉬는 모든 중생들에게 새 아침을 고하는 큰북을 치는 소리가 처음으로 무겁게 새벽 공기를 가르고 있었다. 나와 동행한 김 사장은 어제까지 400명이 묵었던 템플스테이 객실 중 하나인 선정실을 배정받았다. 우리 방 옆에는 지혜실, 인욕실, 정진실, 보시실, 지계실 등 통도사를 찾은 손님들을 맞이하고 있었다.

계곡의 물소리와 북소리를 듣고 난 후 숙소로 다시 들어와 핸드폰을 켰다. 새벽 1시부터 시작한다던 런던올림픽 축구 경기 결과가 제일 궁금해 스포츠 뉴스를 검색했더니 가봉과 무득점으로 비겨 8강에 올랐다는 소식을 보면서 상쾌한 아침이 시작되었다.

이불을 정리하고 방에서 나와 공양간에서 주는 아침을 먹고 원주실에 들러 차 한 잔을 하며 이곳을 추천해 주신 방배동의 작은 누님과 청파동에 계시는 누님 친구분과의 인연을 떠올리면서 이번 템플스테이 일정계획의 첫날밤을 끝내고 두 번째 장소인 강원도 영월 사자산에 있는 법흥사를 향해 출발하였다.

법흥사에 도착하여 적멸보궁을 돌아본 후 숙소로 배정받은 사자 2호실에 짐을 풀고 샤워를 한 후, 앞마당에 누워 있는 제멋대로 생긴 바위 위에 걸터앉으니 너무나 편안했다. 늘 똑바로 생긴 것만이 최상인 줄 알고 살았던 나의 생각이 많이 부족했음을 느끼며 세상에 태어나 제일 가까운 곳에서 가장 환한 모습으로 밤하늘의 구름을 선명하게 비추고 이윽고 별까지 보여주는 사자산 앞의 강력한 달빛을 보면서 깊은 산 속에서 자연이 주신 황홀한 선물을 듬뿍 받았다.

맑고 밝은 저녁 달, 밤낮을 가리지 않고 힘차게 소리 내며 아래로 아래로 흘러내리는 계곡물, 작렬하는 태양으로부터 우산처럼 더위를 피할 수 있도록 도와주는 수많은 이름 모를 나무들,

이 모든 것이 요즘의 복잡한 머리를 깨끗하게 씻어주었다.

다음 날엔 태백산과 함백산에 걸쳐 있는 정선의 정암사를 찾아 나섰다. 수많은 피서객들이 계곡마다 북적였다. 마음을 씻으러 절을 찾아가는 우리와 더위를 피하러 그늘진 계곡물에 몸을 담그는 그들과의 사이에서 묘한 감정의 대조를 느꼈다. 그러나 세상사 모든 일이 다 그러하듯 음과 양이 조화를 이루고, 슬픔과 기쁨이 한 곳에서 나오고, 흑과 백이 겨루면서 어우러지고, 남과 여가 짝을 이루고, 부자와 가난한 사람들이 모여 사는 것과 같이 모든 현상은 인위적으로 만든 것이 아니라 자연스럽게 이루어진다는 생각이 들었다.

오늘 밤도 여지없이 달님은 얼굴을 내밀었고 새벽에 한 번씩 잠을 깨는 습관은 이어졌다.

넷째 날에는 1991년 12월 31일 종무식이 끝나자마자 찾았던 오대산으로 향했다. 그때 함께했던 분은 이미 10년 전에 고인이 되었지만 나의 인생항로를 바꾸는 데 큰 역할을 해주셨던 기억이 아직도 생생하다. 인간은 생각하는 동물이라 추억을 먹고 산다는 말이 이럴 때 쓰이는 것 같다.

오대산 상원사 위에는 적멸보궁이 있다. 우리는 적멸보궁을 오르며 50대 초반의 여인을 조우하게 되었다. 이곳을 자주 찾는다는 그 여인은 원래는 기독교 집안인데 혼자만 불교로 옮겼다며 우연한 기회에 왔다가 마음이 강하게 끌려 부산에서 여기까지 또다시 왔단다.

누구나 세상살이를 하다 보면 답답할 때가 있다. 그리고 고민을 풀어내는 방법은 각양각색이다. 우리도 마찬가지 심정으로 6박 7일의 템플 투어를 행동으로 옮기게 되었지만 진인사대천명이라고 모두가 최선을 다해 노력하고 마지막은 하늘의 뜻을 기다리는 것이 살아가는 지혜인지도 모르겠다.

해발 1,100미터가 넘는 숙소에서 하룻밤을 신세 지면서 1980년대 중반에 직장동료들과 눈 덮인 이곳을 지나 1,563미터의 비로봉을 찍고 내려왔던 기억도 되살아났다. 지금은 새롭게 단장한 모습으로 변했지만 다람쥐와 산까치가 평화롭게 얼굴을 맞대고 먹이를 찾는 데 여념이 없는 걸 바로 눈앞에서 보면서 비로소 우리가 일상에서 벗어나 있음을 실감하였다.

다섯 번째로 갈 곳은 설악산 대청봉 바로 밑에 있는 봉정암이다. 백담사 앞까지 약 15분간 버스를 타고 가다가 내린 후 계곡에 발을 몇 번씩 담그며 거의 6시간 만에 도착하니 수많은 등산객들이 모두가 성공했다는 표정으로 아무 데나 걸터앉아 밥때를 기다리고 있었다. 해발 1,200미터인 봉정암에서 설악산 최고봉우리 대청봉까지는 2킬로미터 조금 넘는 거리라 1시간 반이면 오를 수 있었지만 낮 동안의 고행(?) 때문에 다음으로 미루기로 하고, 밥 한 주걱에 미역국을 퍼올려 주고 그 위에 오이지무침을 한 술 떠준 저녁 식사를 맛있게 먹었다. 세면장에 들러 간단하게 씻은 후 배정받은 숙소를 찾았더니 가로 40센티미터에 세로 120센티미터도 안 되는 검은 선들이 장판에 24칸이나 매직으로 굵게 그려져 있었다. 그러니까 24명이 비좁은 숙소에서 상대방의 다리와 서로 얼키설키 뒤섞여 새우잠을 청할 수밖에 없었다.

일상에서 매일 넓은 침대 위에 혼자 팔다리를 대자로 뻗고 자다가 이런 열악한 환경을 만나니 군대시절 유격훈련을 받던 생각이 떠오르고 지금 살고 있는 집에 대한 호사스러움과 고마움을 느끼며 정말로 현실을 감사하게 받아들여야겠다는 생각이 저절로 들었다. 그러니 늘 "감사합니다, 행복합니다"를 되뇌며 살자고 다짐했던 이유를 이곳에서 찾게 된 점 또한 기쁜 일이 아닐 수 있겠는가.

그리고 동이 트기 전 새벽부터 숙소를 떠나 각자의 생각대로 한 사람 한 사람씩 떠나갔다. 각자 가는 길이 달라도 결국은 하산해서 가족이 기다리는 집으로 돌아갈 것이다.

아침 식사도 안 하고 점심용 주먹밥도 받지 않고 랜턴에 의지해서 하산을 서두르는 사람도 있고, 더 높은 곳을 향하여 오르는 사람도 있고, 사람들이 떠나자 본격적으로 잠을 다시 청하는 사람도 있고, 아침을 다 먹고 잠시 쉬었다가 여유작작 떠나는 사람 등등 각양각색의 모습들.

마지막 밤을 보낼 오세암으로 내려오면서 어제의 산행길이 또렷하게 대조되었다. 어제 백담사에서 봉정암까지 10.6킬로미터 구간을 아침 11시 조금 넘어 출발해서 6시간 등안 온몸이 다 젖은 상태로 오르며 가다 쉬고 쉬다 가며 넓적한 바위를 만나면 배낭을 내려놓고 베개 삼아 대자로 누워 잠시 눈을 붙이고 등산화와 양말을 벗고 차디찬 계곡물에 발을 담갔을 대 순간순간 느끼는 편안함과 즐거움, 성취감을 맛보았고 깔딱고개를 만나면

거친 숨을 몰아쉬며 가다 서다를 반복하였다. 목적지를 500미터 남기고는 한 걸음 한 걸음이 천금 같아 몇 걸음 떼고 얼마나 남았을까를 수없이 헤아리면서 끝까지 정진해서 다다른 봉정암은 우리네 인생의 여정과 다를 바 없었다. 고바위를 넘어 잠시 평지를 만나면 살 것 같았고 평지를 지나 또다시 고갯길을 만나면 걱정부터 앞섰던 산행길은 우리네 삶의 과정 그대로 아니던가.

이런 과정을 반복하다 보니 평탄한 길을 만나도 조금 있으면 올라가야 할 길을 걱정하였다. 세상에 쉬운 일만 만난다면 고생 끝에 낙이 온다는 고진감래라는 말이 생겼을 리 없다는 생각을 떠올렸다.

계곡을 흘러 내려가는 물처럼 조급함에서 탈피하여 여유롭게 갈 길을 가는 게 우리네 삶이요, 흐르는 물을 통해 '낮은 곳으로 향하여'를 배우는 것이요, 주변의 환경에 적응하며 유연하게 움직이는 지혜도 물의 흐름을 보면서 얻을 수 있었다.

어떤 때는 바위를 만나 돌아가기도 하고 또한, 자갈 밑으로 보이지 않게 스며들며 흘러 내려가기도 한다. 우리의 여정도 고속도로를 타고 지방도로도 지나고 골목길을 스쳐가는 모습이지 않던가. 오세암에서 여섯 번째 잠을 자며 이번 여정을 통해 나를 여기까지 흘려보냈던 60년 가까운 과거의 세월과 지금부터 30년(?)간의 미래를 그려보며 밑으로 밑으로 여유작작 흘러내리는 계곡물을 또다시 음미하게 된다.

산꼭대기의 집채만 한 바윗덩어리가 오랜 세월 비바람과 함께하며 쪼개지고 굴러서 중류를 거쳐 하류로 내려가면서 날카

롭고 모가 났던 부분은 둥글게 둥글게 점점 각을 지우고 마지막에는 부드럽고 고운 모래알이 되어 속세의 많은 사람들에게 아름다운 백사장으로 다가가는 모습이 우리네 삶과 닮아 있다. 사람의 몸이 노년기로 접어드는 시기를 갱년기라 하는데 한편으로는 '다시 태어남'을 의미하듯이 바위 덩어리가 모래알이 되는 것과 다를 바 없지 않은가. 젊은 시절의 우락부락한 기질은 노년으로 향하면서 점점 유연하고 속 깊은 어머니의 품처럼 변하듯이.

자연은 부자연스러움을 거부한다. 세월은 인간을 자연스럽게 변화시킨다. 하드웨어적 행동은 세월이 흐름에 따라 소프트웨어적 사고로 자연스럽게 변한다.

젊은 시절 부모님의 생각을 이해하지 못해 사사건건 반발했던 우리는 자신이 부모가 되어서야 그 뜻을 뒤늦게 알게 된다. 우리의 자식들도 결국 우리와 같은 경로를 거쳐서 부모가 될 것이다. 평생 웅장한 기암괴석으로 살아갈 것 같지만 결국은 봉정암에서 흘러내린 물이 백담사를 지나갈 때는 부드러운 모래알이 되어 있을 것이다. 청년기의 웨이트트레이닝이 노년기의 요가로 바뀌는 건 우리의 몸이 세월의 흐름에 따라 그렇게 되기를 요구하기 때문이리라.

오세암에 도착했을 때 어머니의 품처럼 편안하게 느껴졌던 것은 6박 7일의 나를 찾아 나섰던 여행을 중도하차 없이 끝낼 수 있었다는 성취감과 여스님의 부드러운 손님맞이 자세가 어우러져 유종의 미를 맛볼 수 있었기 때문이리라.

씨앗은 새싹에서 나무로 자라 열매를 맺기까지 씨앗에 불과하다. 구슬이 서 말이라도 꿰어야 보배고 좋은 생각이 아무리 많아도 행동으로 옮겨야 보배가 된다. 역사는 언제나 낯선 발자취에서 비롯된다고 하지 않던가. 인간을 사회적 동물이라 하는 것은 언제나 움직이는 물건이 되라는 뜻이다. 멈추면 쇠퇴하기 마련이니까. 사육된 닭의 노른자위는 슬쩍 눌러도 금방 터져버리지만 야생에서 큰 닭의 달걀을 깨서 노른자위를 눌러보면 쑤욱 들어갔다가 다시 원상태로 돌아온다고 한다. 그래서 몸으로 부딪히고 넘어져 얻은 경험이 회복의 탄력성이 강한 것이다.

이번에 일주일 동안 움직인 여행은 아마도 죽기 전에 재연하기는 쉽지 않으리란 생각에 더 소중함을 느낀다.

매일매일 새로운 아침을 열자!

몸과 마음을 씻으며 하루하루를 소중하게 간직하자!

신호등

가던 길 멈추고
잠시 기다려라

가던 길 멈추고
잠시 생각해라

가던 길 멈추고
잠시 관망해라

인생의 신호등은
누구나 필요하다

고통과 쾌락,
성공과 실패,
행복과 불행,
생과 사,
이 모두 한 몸에서 생겨나니
잠시 쉬어간들 어떠하리

갈림길

횡당보도를 건널 때마다 망설인다
어느 길로 갈 것인가를
– 똑바로 걸어가면 후문이고
– 에스 자로 돌아가면 정문인데

거리와 시간을 계산한다
어느 길이 빠를까를
– 아무래도 직선이 빠르겠지?
– 아니야, 그래도 정문이 낫지?

퇴근할 때마다 고민한다
신호등이 바뀔 때까지
– 밤엔 후문으로 가고
– 낮엔 정문으로 간다

왜 그럴까?
– 지나가는 차량이 많으니까 낮에는 대로면 후문을 피하고
– 지나가는 사람이 많으니까 밤에는 작은길 정문을 피한다

그러나 귀가하지 않는 날엔 그런 고민은 없다

- 다른 일로 고민하겠지

- 인생행로의 갈림길은 죽을 때까지 존재한다

행복을 주는 사람들

60대 초반의 버스기사 아저씨가
매 정류장마다 인사를 하신다
– 어서 오세요, 반갑습니다
– 좋은 오후 되세요, 감사합니다
세상에서 가장 행복하게 일하는 모습을 보다가
내가 태어나서 자랐던 삼각지를 지나친다
40년 전 1972년에 한강물이 역류해서
뒷동네 저지대 주택이 침수되었을 때
대로변 우리 집 2층과 3층을 비우고
피난 온 이웃들에게 며칠 동안
끼니를 대며 잠자리를 보살펴주셨던
부모님 생각이 떠오른다
그때 무척이나 행복하셨겠지

행복을 주는 사람
그들은 행복한 사람

방황의 끝은?

목마른 고추잠자리 한 마리
아까부터
4층 옥상에서
여섯 군데 고인 물 배회하고 있다

한참이 지나도
내려앉지 못하고 있다

정처 없이 기웃거리다
물 한 모금 못 마시고
방황만 하다 떠난다

어차피 고달픈 세상살이
무얼 그리도 헤매나

나무의 삶

온종일 대풍(大風)이 거세게 몰아친다
창문 틈새기로 굉음을 빚어내고
20층 건물 옥상에선 허리가 휠 지경의 나무가
쓰러지지 않으려고 안간힘을 쓰며 버티고 있다

열려 있던 창문도 쾅 닫힐 정도로
아주 센 놈이 찾아왔지만
5층 건물 뒤에 딱 붙어 숨어 있는 나무는
아무것도 모른 채 미동도 하지 않고 서 있다

대풍이 지나가면
모질게 휘둘린 놈은 고비마다 강해지고
세상모르고 숨어 있는 놈은 그냥저냥 살다 가겠지

사랑의 출발점

밤하늘의 별이 더욱 빛나 보이는 건
칠흑 같은 어둠이 받쳐주기 때문이고
님이 남보다 더 아름다워 보이는 건
음양으로 행복을 주는 사람이라고 믿기 때문이며
돌아가신 부모님이 늘 생각나는 건
자식에 대한 헌신적 사랑이 무엇인지 알았기 때문이다

역지사지가 지혜롭게 보이는 건
상대방을 이해하려는 마음가짐 때문이고
경청하는 사람이 새삼 존경스러운 건
끝까지 입을 다물고 기다려주는 태도 때문이며
한 통의 안부 전화가 고맙다고 느끼는 건
늘 나를 잊지 않고 있었다고 믿기 때문이다

'같이'의 가치

산에는 오르막과 내리막이 공존하기에 많은 사람들이 찾고 즐기며 삶을 얘기한다. 오르막만 있고 정상이라는 끝이 없다면 아무도 도전하지 않을 것이다. 오르막과 내리막이 같이 있기에 등산할 가치를 느끼고 도전의 대상으로 생각한다. 인생에도 오르막 뒤에는 반드시 내리막이 있는 법이다.

주말마다 산에 오르지만 오르막에서는 언제나 가쁜 숨을 몰아쉬며 땀을 뻘뻘 흘리고, 내리막에서는 힘은 덜 들지만 그래도 넘어지지 않으려고 한 발짝 한 발짝 조심스레 디딘다.

바둑에는 흑돌과 백돌이 같이 있기에 상대방과 경쟁하는 재미나는 게임이 된다. 초반에 실수를 하더라도 나중에 반전할 기회는 있게 마련이고 한 군데에서 성공했더라도 전체적으로는 패전하는 경우도 다반사다. 한 번의 실수는 병가상사(兵家常事)라고 우리네 삶에서도 성공과 실패는 흔히 있는 일이다. 작은 성공에 자만해서 머무르고 한 번의 실패에 낙담한다면 인생은 그것으로 끝이다. 어찌 보면 삶은 바둑처럼 긴 인내와 짧은 행복이 교차하면서 빚어낸 결과물인 셈이다.

한 지붕 아래서 밥도 같이 먹고 잠도 자고 긴 세월을 함께 살면서 가족에 대한 소중한 가치를 쌓는 것이며, 며칠간 친구랑 여행을 같이하면서 우정의 가치를 배우고 중고등학교를 같이 다녔던 동창생들과 만나 가끔씩 술좌석을 같이하며 서로의 안부를 묻고 세상사는 얘기를 나누면서 인간관계의 가치를 느낀다. 혼자 마시는 것보다 누군가와 같이 마시는 술은 부가가치가 높고 뭔가의 의미와 맛을 더한다.

아프리카 속담에 '빨리 가려면 혼자 가고, 멀리 가려면 같이 가라'는 말이 있다. 누군가와 생각을 같이하고, 공부를 같이하고, 근무를 같이하고, 밥을 같이 먹고, 군 복무를 같이하고, 사랑을 같이하고, 슬픔을 같이 나누고, 기쁨을 함께한다는 건 나름대로 가치 있는 일이다.

같이한다는 건 인연을 맺는 것이라고 생각한다. 인연이란 서로 맺어지는 관계를 의미한다. 서로 관계를 맺다 보면 어떠한 일을 만들어낼 기회가 생긴다.

기회는 가치를 창출한다. 백운호수를 같이 걷다 보면 이런저런 얘기를 나누게 되고, 대화를 하다 보면 상대방과 나의 생각을 교환할 수 있고 그 과정에서 의기투합하여 취미활동을 같이하자고 약속을 하게 되면 더 자주 만날 수 있는 계기가 마련된다. 사랑하고 싶은 사람이 있을 때는 같이하는 시간을 더 많이 만들듯이 뭔가를 이루기 위해서는 같이할 자리를 자꾸 궁리하게 된다. 무엇이든 같이하려는 생각이 늘어난다는 건 사회생활을 좀 더 왕성하게 하고 싶다는 의욕이다. 이러한 의식과 행동은 나의 삶을 다양하게 즐기며 성숙시키고 외로움에서 탈출할 수 있도록 도와준다.

점심을 혼자 먹게 되었거나, 주말에 홀로 남겨졌을 때, 때맞춰 누군가로부터 걸려오는 한 통의 전화에 대한 고마움을 아는가. 바쁜 일과 속에서도 나에게 시간을 내주며 같이 놀아주는 친구에게 감사할 줄 알아야 한다. 시집간 딸이 저녁 늦게 홀로 있는 엄마에게 전화를 걸어 이런 얘기 저런 얘기로 투정을 부려도 통화하는 시간만큼은 효도를 한 것이다. 우두커니 먼 산만 바라보고 있는 시어머니께 돈을 건네며 시장을 봐달라고 주문하는 며느리가 현명하다고 느껴지는 것은 뭔가를 같이하려는 속 깊은 마음을 엿볼 수 있기 때문이다. 혼자 사는 누님께 가끔씩 전화를 드리고 명절 때나마 찾아뵐 때 느껴지는 감정은 누님이 나와 함께하는 시간을 고맙게 생각해 준다는 것이다.

상대방에 대한 배려란 마음을 같이한다는 것으로부터 시작된다. 콩 한 조각이라도 나누어 먹으려는 의식이 상대방의 마음을 이끌어낸다. 어려워도 같이 나누고 기쁜 일도 자기 일처럼 함께 좋아할 때 서로를 사랑하게 된다.

같이한다는 건 마음을 주고 싶다는 아름다운 표시다.

한 직장에서 근무를 같이한다는 건 같은 목표를 향해 동행하는 것이다. 같이 노력해서 성장의 과실을 나누는 일이다. 서로의 마음을 합쳐 큰 성과를 이루고 함께 기뻐하며 모두의 가치를 높이는 것이다.

주변에서 사업을 같이하다가 관계가 깨지는 경우를 자주 봤다. 시작할 때는 서로가 필요해서 합쳤지만 사업이 번창하거나 쪼그라지면 각자의 이해타산으로 마음이 변해서 '같이'의 가치를 망각하면서 금이 가기 때문이다. 부모님이 돌아가신 후 유산으로 형제간의 우애가 깨지는 건 같이했던 구심점이 없어지면서 각자의 계산기를 따로 두드리기 때문이다.

이처럼 '같이'의 가치는 서로를 신뢰하고 존경하며 초심을 잊지 않을 때 유지되는 속성이 있다. 부부간에 이혼하고 형제지간이 멀어지고 친구가 떨어지는 건 '같이'의 가치를 망각하면서 생기는 현상이다.

그래서 누군가와 늘 같이하고 싶다면 어떠한 어려움이 생겨도 본인이 먼저 양보하고 상대방을 이해하는 마음가짐이 꼭 필요하다. 같이하려면 우선 내 마음을 내려놓는 훈련이 지속적으로 필요하다.

'같이'의 가치는 부모님의 변하지 않는 내리사랑에서 그 의미를 찾는 게 간단명료하지 않을까 생각한다.

점점 줄어드는 앞으로의 삶에 대해서 아득바득 용을 써서 같이 갈 사람들을 하나 둘 더 잃는 우를 범하지 않는 게 인생의 오후를 연착륙하는 지혜가 아닐까 싶다.

기다리는 마음

느닷없이 비가 내려
버스에서 내리자마자 날래게
공중전화박스로 뛰어들었다
세 칸의 자리가 텅 비어 있다
모두가 외롭게 기다리고 있다가 나를 반겼다
나도 그 속에서 기다렸다
약속한 사람을

60년대 초등학교 시절
집 전화가 있으면 부자였다
공중전화박스 앞에는 늘 긴 줄이 늘어졌었다
그때는 인기가 대단했지

우산을 쓴 채 핸드폰을 귀에 대고
무심코 지나가는 사람들
이젠 나를 쳐다보지도 않는구나
아! 생각난다
그 시절이

가족

호프집에 가면 치킨 조각을,
감자탕집에선 돼지 뼈다귀를,
꼭 봉지에 담아간다

출근할 때마다
강아지는 팔딱팔딱 뛴다
퇴근할 땐 발자국 소리에
아파트 출입문을 마구 긁어댄다

며칠 전에 토끼를 들였더니
어색한 표정으로 서로를 피한다
얼마 후부터는 입도 맞추며
하루 종일 세상에서 제일 가깝게 지낸다

이젠 혼자가 아닌 셋이다
주말엔 토끼풀도 뜯으러 나간다
배다른 자식들 덕에 살맛 난다

아름다운 충돌

"나는 메이커 안 살 거야"
"그냥 사!"

일요일 낮
예닐곱 살 딸아이와 함께
의류 할인 매장을 찾은 젊은 부부

아빠는 봉급을 헤아려
엄마는 품위를 생각해서
의견이 충돌하고 있다

우연히 훔쳐 듣게 된 부부간의 대화지마는
두 사람 모두 예뻐 보인다
미래와 현실이 충돌하는 것 같아도
사실은 모두가 미래지향적이다
사랑은 아름다운 충돌!

초록은 동색

혼인을 한 달여 앞두고
아들과 티격태격하는 집사람
크게는 신혼집 고르는 것부터
작게는 냉장고 사이즈까지

구두를 닦으며
우연히 보게 된 가지 나무
길둥근 열매랑
줄기도
잎도
온통 자줏빛이네

아들과 악의 없는 다툼 끝에
당신 성질 꼭 빼닮았다고
결국은 내게 화살을 돌리지만
어쩌란 말인가
초록은 동색인데

안경을 닦듯이

벌써 몇 년이나 써서 그런지
휴대폰 액정 화면이 뿌옇다
후배에게 물었다
이거 액정을 바꿔야 되냐고

그랬더니 비닐 껍질을 떼어내며
안경 천으로 닦으면 더 잘 보인단다
정말 새것 같았다
길을 가다 손수건으로 안경알을 닦았을 때처럼
훨씬 더 깨끗하게 보였다

마음의 껍데기도 벗기고 닦으면
온 세상이 밝게 보이겠지

고 녀석이

정비공장 새로 지을 때
모퉁이 한쪽에 함께 자리했던 가냘픈 나무
얼마 전까지도 자동차에 가렸으나
어느새 훌쩍 자라
자동차 지붕에 그림자를 드리운다
엄마 품에서 자란 녀석이
육십 앞둔 부모 감싸듯

청계산 밤알

올라갈 땐 못 봤는데
내려올 때 보이네

인생의 오르막과 내리막에서는
인생의 오전과 오후에는
살펴보는 게 다르지

사랑을 먹는 난초

김밥 옆구리 터지듯
새 구두 실밥이 터졌다
일 년 이상 모르고 안 신었기 때문이다

기계도 세워두면 고장 나고
머리도 안 쓰면 녹슨다
살던 집도 비워두면 빨리 삭고
친구도 자주 만나지 않으면 얘깃거리가 없어진다
책상 위 난초가 사랑을 먹고 자라듯
세상사 모든 게 관심에서 비롯된다

나는 나로부터 정말 자유로운가?

추석 전과 후로 매번 가는 같은 코스로 청계산에 올랐다.

하루는 등산을, 이틀은 밤을 줍는 데 투자했다.

어제도 밤을 줍고 오늘도 밤을 주우러 똑같은 곳을 찾았지만 어떤 놈은 수줍게 숨어 있고 또 다른 놈은 '날 좀 보소!' 하듯 등산로 한가운데에 용감하게 벌렁 누워 하늘을 바라보고 있다. 어제도 그랬지만 오늘도 같은 생각이 든다.

올라갈 때 보이는 놈과 내려올 때 보이는 놈이 달라 그것 참 희한하다고 느낀다. 그놈과 내가 만나는 건 운명이다. 그 이유는 첫째로 내가 그곳을 갔고, 두 번째로는 그놈이 그곳에 떨어져 있었기에 만나게 되었다. 알이 아주 실한 놈도 있고 쭉정이도 있어 세상사는 사람들 모습과 다를 바 없었다.

떨어지는 시기도, 떨어지는 장소도 다르지만 모두가 밤은 밤이다. 오십 초반에 돌아가신 형님도 있지만 백수를 넘기며 밭일을 여전히 계속하고 계신 촌로도 계신다. 일찍 떨어진 밤알이 행복한 건지 아니면 막판에 떨어진 놈이 행복한지는 모르겠지만 나름대로의 일생을 마치며 좋은 일 한가지씩은 하고 갔다. 다람쥐가 먹든 사람이 먹든, 아니면 그대로 방치되어 기름진 토양의 밑거름이 되든.

한 사람의 운명이란 자신의 노력과 주위 사람들의 관심과 사랑으로 만들어진다고 믿고 살아왔다.

자유란 남에게 얽매이거나 구속받거나 하지 않고 자기 마음대로 행동하는 일이다.

그리스와 로마에서는 천민과 노예가 아닌 모든 사람을 자유인이라고 불렀다. 그런데 현대를 살면서 진정한 자유를 만끽한다는 건 가족을 포함해서 나를 에워싼 주변 사람들과 사회적 흐름으로부터 과감하게 벗어나 자기 가슴에서 우러나오는 생각을 맘껏 행동으로 옮긴다는 의미인데 이것이 현실적으로 가능하다고 말할 수 있는 사람이 얼마나 있을지 모르겠다.

그렇다면 어떤 사람을 현실적으로 자유인이라고 부를 수 있을까?

그것은 사회가 정해 놓은 법의 테두리 안에서 누구나 인정하는 상식적 범위를 넘지 않으며 자기가 하고 싶은 어떤 일을 공격적으로 찾아 나서는 사람이 아닐까 싶다. 이 세상에 법을 무시하고 가족을 생각하지 않고 오로지 자기가 좋아하는 일에만 전념한다는 건 쉬운 일이 아니다.

자기가 하는 일에 만족하고 가족과 함께한다는 것에 감사하고 머릿속으로 늘 하고 싶었던 일에 도전하며 주위 사람들과 즐겁게 어울리며 먹고 사는 데 애로가 없고 힘들게 번 돈을 병원에 바치지 않고 건강하게 산다면 그것이 행복한 사람이요 자유인이다.

며칠 전 휴일 아침 7시에 사무실에 출근했을 때 카드키를 책상 위에 놓고 빈 몸으로 화장실을 갔다가 문을 열지 못해 발을 동동 구르면서 고생한 적이 있다. 핸드폰도 사무실에 놓고 나와서 누구한테 연락도 못 하고 혹시 지갑 속에 직원 비상연락망이라도 있나 찾아보았으나 아무것도 없어 어찌할까 고민하다가 문득 보안경비업체가 생각이 나서 복도로 가보니 예상대로 현판에 전화번호가 적혀 있었다.

공중전화라도 걸려고 1층 주차장으로 내려갔더니 마침 입주업체 직원이 핸드폰을 걸고 있기에 딱한 사정을 얘기하고 잠시 전화를 빌려 보안경비업체에 연락을 취했다. 약 20분 정도 기다리니 해결사가 출동해서 비상조치로 문을 열어주는 바람에 한동안의 소동을 끝냈지만 세상만사 주변의 도움 없이 나 홀로 살아간다는 게 그리 쉽지는 않다는 걸 다시 한 번 절감하였다. 남에게 신세를 지지 않고 자유를 만끽하며 살아간다는 게 정말 어렵다는 얘기다.

대형마트에 가서도 조금이라도 편하고 빠르게 쇼핑을 보려고 에스컬레이터에 신세를 지며 사는 게 우리네 삶이다. 외로움을 달래려고 친구를 만나고 정기 모임을 결성하는 것도 결국은 사회 속에서 더불어 살아가며 즐거움을 찾는 것이다.

자유인이란 무엇으로부터도 구속받지 않으려는 심리와 많은 사람과 다양하게 어울리며 즐겁게 살고자 자발적으로 소속하여 일정한 구속을 받고 싶어하는 심리의 충돌 속에서 살아가는 사람인지도 모르겠다.

카드키가 없어 사무실로 못 들어가고 핸드폰이 없어 연락도 못 취하는 세상에서 과연 우리는 자유인인지 스스로에게 묻고 싶다. 삶은 주변 환경과의 조화와 내 마음속의 갈등이 충돌하면서 진행되는 시간의 퇴적물이다.

결국 자유인이란 각자의 마음의 잣대로 스스로를 평가해서 나오는 결과에 따라 여부가 결정된다고 생각한다. 나는 정말 자유인인가? 이 질문에 대한 답은 본인만이 가장 잘 알고 있다는 얘기다. 남이 봤을 때와 내가 판단했을 때 시각의 차이는 반드시 존재하기 때문이다.

아무리 세상 사람들이 "저 사람 참 행복할 거야"라고 하더라도 사람마다 그 기준이 다르기에 본인의 마음의 잣대로 "나는 행복하다, 아니다"를 평가할 수 있는 것처럼. 우리 주변에서 행복할 거라고 생각했던 많은 사람들이 자살로 생을 마감하는 걸 봐도 그렇다고 생각한다.

결국 "나는 자유인이다!"라고 힘껏 소리칠 수 있는 사람이 진정한 자유인일 것이다.

금전적인 문제, 건강 문제, 인간관계 문제, 시간문제, 양심의 문제 등등으로부터 자유롭다고 생각하면서 자기가 하고 싶은 행동을 맘껏 공격적 긍정적으로 즐기는 사람이 진정한 자유인이요 행복인이다.

바빠서, 먹고 살기 어려워서, 몸이 안 좋아서, 가족 때문에, 그동안 나쁜 일을 많이 해서, 그 사람이 싫어서 등등 현대를 살아가는 사람은 스스로를 구속시키는 심리 때문에 자유롭지 못하게 살다가 가는 것이다. 어제와 다른, 좀 더 나은 오늘을 창조하려고 생각하며 늘 도전하는 사람이 자유를 찾아 나선 것이다.

반세기를 훌쩍 넘은 세월을 살아오면서 나는 언제나 진정한 자유를 찾을 수 있을지 자신에게 물어본다. 가까운 예로 가족과 함께하는 여행에서, 친구와 함께한 술좌석에서 기쁨이 묻어남을 느낄 수 있다면 좋겠다. 등산을 하면서, 바둑을 두면서 삶을 음미해 볼 수 있다면 나름 가치 있는 일이다. 또한 나의 감정을 글이나 사진으로 남기는 것이 재미있다면 더욱 좋다. 시간을 쪼개어 좋아하던 일과 하고 싶은 일에 하루하루를 값지게 투자한다면 금상첨화다.

세상 모든 일이 고맙게 생각되고 더 사랑하고 싶다면 마음의 자유 여행은 시작된 것이라고 판단해도 좋다. 나를 만나주는 사람, 나를 걱정해 주는 사람, 나에게 사랑을 받고 싶어하는 사람들이 많아질 때 이 세상은 더 아름답게 보일 것이다.

젊음은 활력을 상징하는 말이다. 젊음은 에너지가 넘치고 적극적이며 결단력이 강하고 부단한 용기를 갖추고 있다.

이 세상에는 정신적인 풍요로움을 체험하는 활동보다는 물질적인 가치를 추구하는 사람들이 더 많다고 한다. 물론 돈이나 명품도 인간에게 행복감을 줄 수 있지만 의미 있는 경험과는 거리가 있다.

백문이 불여일견이라고 우리는 평생 간직할 수 있는 여행을 통해서 소중한 추억의 자산을 직접 만들고 싶어한다.

동양철학에 오행(五行)이라는 것이 있는데 만물을 생성하고 만상을 변화시키는 다섯 가지 원소를 말한다.

토(土)는 수(水)를 이기고,

수(水)는 화(火)를 이기고,

화(火)는 금(金)을 이기고,

금(金)은 목(木)을 이기고,

목(木)은 토(土)를 이긴다고 한다.

사람 관계도 마찬가지로 누구에게는 강하지만 누구에게는 약한 게 존재한다.

돈을 쉽게 버는 사람도 있고 어렵게 버는 사람도 있다.

물질적 부자도 있고 정신적 부자도 있다.

그러나 떠날 때 다 놓고 가기는 마찬가지다.

재산을 지키느라고 맘고생을 많이 하는 사람도 있지만 지킬 게 별로 없어 고민 안 하고 자유롭게 사는 사람도 있다.

열매는 고통의 산물이요, 영광은 상처가 준 선물이며, 현재의 시련과 역경은 내가 도달하고 싶은 꿈을 이루기 위한 과정일 뿐이다.

누구나 좀 더 여유롭기를 소망하기는 마찬가지다. 단지 어디에 역점을 두고 사느냐에 따라 결과는 달라진다. 내가 가진 모든 것으로부터 어떻게 하면 자유로울 수 있을지 반복해서 생각하다 보면 좋은 결실을 맺을 수 있다.

자유는 '스스로 자(自)'와 '말미암을 유(由)'로 만들어진 단어다. 따라서 자유란 스스로 원인이나 이유가 된다는 뜻이라고 해석할 수 있다. 결국은 본인 스스로의 생각에 따라 행복과 불행, 자유와 구속의 삶을 만들어가는 것이다.

소설 『슬픔이여 안녕』의 작가 프랑수아즈 사강은 '진정 후회 없는 신 나는 인생을 즐겼다'는 유언을 남기고 죽었다고 한다. 대부분의 사람들은 자기가 원하는, 마음속으로 그렸던 삶이 바람의 수준에서 머무르고 만다. 그냥 그렇게 살다 간다고 하지만 '나는 나로부터 정말 자유로운가'를 늘 생각하면서 사는 것도 의미 있는 삶일 것이다.

글을 마감하면서

이제 네 마리를 잡았다.

그리고 다섯 번째로 무엇을 잡을까 이미 고민하기 시작했다.

또 다른 시각을 펼쳐 보이고 싶은 욕망이 그대로 살아있다.

왜냐하면 잡고 나면 늘 부족했다고 느꼈기 때문이다.

10년 동안 네 권의 책을 쓰면서 달라진 게 있다면 그것은 세상을 좀 더 새롭게 수용하고 살아가야겠다는 생각이다.

이젠 굴레를 벗어나 어디론가 훨훨 날아 새로운 그림을 그리고 싶은 마음뿐이다.

세상이 날 부르든 안 부르든 상관없이 내가 세상을 찾아 나서겠다는 것이다.

삶이란 스스로가 만들어가는 작품이니까.

많은 것을 바라보고 더 많은 걸 사랑하고 싶다.

집 앞의 좁은 문에서 벗어나 고비사막을 거닐고 싶다.

인간과 자연 모두를 맘껏 사랑하며 살고 싶다.

바쁘게 살아가는 동안 잃어버린 삶과 잃어버린 여유를 이제라도 뒤를 돌아보고 주변을 둘러보며 진정한 나를 찾아 나서야겠다.

굴레여 이젠 안녕!

초판 1쇄 인쇄 2012년 10월 28일
초판 1쇄 발행 2012년 11월 02일

지은이 I 이기수
펴낸이 I 金泰奉
펴낸곳 I 한솜미디어
등 록 I 제5-213호

편 집 I 박창서, 김주영, 김수정, 이혜정
마케팅 I 김영길, 김명준
홍 보 I 김태일

주 소 I (우143-200) 서울시 광진구 구의동 243-22
전 화 I (02)454-0492(代)
팩 스 I (02)454-0493
이메일 hansom@hansom.co.kr
홈페이지 www.hansom.co.kr

ISBN 978-89-5959-333-0 (03810)

* 책값은 책 표지에 표기되어 있습니다.
* 잘못 만들어진 책은 구입하신 서점에서 친절하게 바꿔드립니다.